Vision

一些人物，
一些視野，
一些觀點，
與一個全新的遠景！

做自己與別人生命中的天使

嚴長壽 著

序

二〇〇五年，應台灣大學校長陳維昭的邀約，我在台大的畢業典禮上做一場演講，這是陳校長在卸任前最後一次主持畢業典禮，他很希望我給孩子們一些祝福。那是一場有七千多名畢業生外加來賓和家長的演講場合，蒞臨的貴賓有立法院長王金平、當時的行政院長謝長廷，還有全台灣最頂尖的教授及學生們，我一個沒有讀過大學的企業人士，要去面對這些菁英人物做演說，心裡十分忐忑，壓力也非常大。

就在心裡揣著這件事情時，當時的台南藝術大學黃碧端校長也來邀約，希望我能去參加南藝大在同一天下午舉行的畢業典禮。我第一個反應是「不行」，同一天的時間南北兩場，台大的演講已經讓我焦慮，實在沒有時間準備另外的演說；再者，儘管我有許多好友都是藝術家，我對他們也充滿了尊崇，但是面對這些即將走出校園的年輕藝術家們，我何敢夸夸其談？

黃校長感受到我的猶豫，畢竟是教育專家，她不壓迫的給了我考慮的時間。沉澱之後，有一些訊息在我腦袋裡萌芽發酵，思路越來越清晰，我不但答應了這場演說，甚至心中充滿了期待。

六月四日那天，早上我在台大演講結束，立刻搭飛機南下，來到南藝大。到了會場，可以想見，空氣中浮動著青春的歡欣愉悅，一個個戴著方帽子的青年朋友們端坐在台下，卻壓抑不住雀躍的心靈，騷動的、輕佻的，今天是屬於他們的日子，船即將揚帆了。

台上是誰已經不重要了，今天他們是初次掌舵的船長。

看著台下一張張年輕藝術家的臉，我有滿心的祝福，但是在船離開避風港之前，我想他們還需要最後一次叮嚀。

於是，我提出了第一個問題，我說：「親愛的同學，首先我恭喜大家今天完成了階段性的學業。我今天從台北趕下來，如果大家原諒我的直率，請讓我用最真實的語言與你們溝通……」前排的同學不說話了，我接著說：

「如果我沒有猜錯的話，我想今天畢業典禮結束，從明天開始，你們之中，至少有一半的人是找不到工作的！而且可能要很長一段時間才能找到工作！」

中間幾排交頭接耳的同學也安靜了，我看到幾百雙眼睛盯著我，眼睛裡有不解、有疑惑，但是震撼教育還沒結束：「更殘忍的一點是，可能台灣根本沒有給藝術家工作的機會！」

這時候，全場的同學都靜默了。

這是什麼日子？台上的講者給的不是璀璨煙火，卻敲了一記警鐘。

我沒有放鬆，繼續說：「親愛的同學，如果你認為過去你在學校所學的一切，只是一個謀生的工具，你將會非常失望！」

畢業就是就業考驗的開始，如果你不知道自己擁有的是什麼工具，僅僅把所學當工具「換口飯吃」，投入社會後你不僅會失望，可能也要遭遇一連串的打擊！你想要進國家的兩廳院工作，會發現已經有一群國外深造回來的高手在排隊等著職缺；你想要開音樂會，卻借不到場地，即使借到了四百人的場地，你會發現竟然找不到一半的觀眾入場；你想要開畫展，沒有人青睞；你想要加入舞團跳舞，但微薄的薪水連肚子都餵不飽。

你會發現自己茫然的站在十字路口，挫折感壓得你挺不起胸膛，接連的打擊讓你連還手的餘地都沒有，你對自己過去所學的開始疑惑，甚至你會認為在學校的一切都變成無意義的投資。於是無奈的選擇之下，學音樂的同學就去教下一代學樂器，教授結束，你再鼓勵他們去考音樂系，考上音樂系好不容易又畢業了，他們跟你一樣仍然面臨找不到工作的窘境，於是他們又只得再去教下下一代學音樂！周而復始，每下愈況。

「各位同學，這真是一個非常沒有成就感的工作啊！」

空氣凝結了。驕傲收起來了。我還看到一張張佈滿焦慮的臉。

各位同學啊，問題在哪裡？

如果，你認為你的所學，只是一個就業謀生的工具，而不明白它真正的價值，那麼畢業後，未能立刻找到工作，你沒有權利抱怨，沒有人欣賞你的音樂，你沒有權利抱怨，沒有人買你的畫、沒有人看你的舞蹈，這個時候，你也都沒有權利抱怨！

「因為，你們真正擁有的，不是一個『謀生的工具』，而是一份『感動人的工具』！」

這個感動人的工具，除了用來謀生就業，真正重要的是，你自己花了這麼多的時間在這工具上，你自己是否曾被它感動？

如果這感動人的工具，在你的胸中有股澎湃激昂的力量，你會不會急於將此工具用來感動別人，盡到感動人的責任？你是不是心甘情願、甘之如飴的想要影響更多人「投入」這個認知，而且把藝術變成滋潤生命的工具？尤其當你看到台灣的社會在這麼浮動的時候、價值觀這麼混亂的時候，當上從高層的領袖、下到基層的公務人員都因為缺乏人文素養，而無法讓自己的心緒安定下來的時候，其實這個社會是非常需要你們這樣的藝術家，走向社會、感動別人，幫助人們找回沉靜思維的能力。

但是如果你自己都不清楚自身的價值，不了解自己所擁有的工具，你就沒有權利抱怨！除非你改變你的心態，走向台灣每一個偏遠的角落，用藝術去感動每一個需要的人們！這時候你會發現工具不只是工具，這時候你會發現生命從這一刻開始有了意義、世界從這一刻開始才是你的！

台下響起了如雷的掌聲。

同學的眼睛發出了熱情的光亮，微微閃著淚光。

第二天我收到了許多同學們的信件。他們告訴我，學習了藝術這麼多年，懵懵懂懂，昨天的演講竟如當頭棒喝，讓他們找到了自己的價值。

演講終會結束，那些回響卻教我久久難忘。我想台灣有更多的年輕學子們需要一些鼓勵、一些提醒、一些叮嚀，這是我決定再次寫書的初衷。

台灣沒有理由讓「政治」變成生活唯一的希望，大家都在等，等接任人的立即表現，然後再等下一場選舉，把責任、把未來都交給政治去決定。可是，親愛的年輕朋友們，我們有多少時間可以這樣等待蹉跎？只有你才是你自己的天使，我們應該在等待政治人物改變的同時，主動去審視自己、審視環境，找出自己的優勢、自己的責任，告訴自己應該怎麼去面對！也告訴自己如何參與改變！

如果說《我所看見的未來》是對有權力、有影響力的人以及關心台灣的朋友一些獻曝的建言。那麼這本書就是給所有即將踏入社會的青年人一份真誠的禮物。

感謝朱亞君小姐、蔡逸君先生及寶瓶文化全體同仁讓我完成了生命中又一階段分享的喜樂。

在翻開書頁之前……

你是不是常常覺得自己懷才不遇？

你熱情、有領導力，懂得與人溝通，且充滿理想，但是痛恨呆板的工作與生活，包括制式的教育體制！但是，你有這麼多的優點長才，卻沒有辦法在一般的考試中表現出來，偏偏在學校要考試，出了校門所有的證照還是必須靠著考試！於是你不知所措，人生沒有方向，好像注定了你只能過平庸的一生？

這幾年因為出版了《總裁獅子心》、《御風而上》兩本書，有了許多與年輕朋友接觸的機會，我原本以為這兩本書裡，我已竭盡所能的分享了我的經驗，應該足夠回覆年輕人的問題。但越是深入接觸，越是發現時代在演變。在這個高速疾駛的社會變動下，大家的困惑與徬徨也與時俱進。

大學越辦越多。以往讀大學是一個讓你攀升知識社會、擺脫貧窮的捷徑。憲法保障了人民受教育的權利，大學普及應該代表著每個人都受到了高等的教育，應該會有更好的工作機會，但這幾年下來，台灣的教育問題千瘡百孔，事實證明，事情並沒有往正向去發展。

我最近注意到，目前台灣許多基層的工作者幾乎都有大學學歷，如果現在已是如此，看來將來只會更嚴重，因為還有許多躲在學校裡攻讀博碩士的年輕人，還沒有走出來，等到再過兩年，這些人也躲無可躲，他們必須要走出校園面對社會之後，你會發現我們周遭將會有更多基層工作者的學歷不是學士就是碩士。到了那天，文憑無用了，你發現這全部都是一場空洞的追逐。這才是災難的開始。

讀書無罪，攻讀學位也該受到讚賞與鼓勵，問題是：你究竟是誰？你的優勢在哪裡？你為誰而讀？人生的方向何在？你將被這個社會導引到哪裡去？

這整個社會價值觀演變得太快，彷彿是：早上你打開家門，發現一群人瘋狂的向東跑，你馬上穿起球鞋也跟著跑，問你要去哪？不知道！問你為什麼要跟？

也不知道！你是誰？你的目標你的追求，什麼都不知道，你只擔心如果你不跟著跑，就將被潮流甩開！

所有的癥結點都將回到一個問題——你是否真正的了解自己？

這本書，我們就從這裡談起。

做自己與別人生命中的天使

目錄

你是創造型的人，還是檢查型的人？你是嚴謹守成的人，還是創意飛馳的人？你是動腦的人，還是動手的人？你必須不時的問自己內心的感受，而不是聽從社會的潮流或習性選擇工作，才能找到「適才適所」的理想未來。

自我的訓練，就是培養觀察與分析能力，不管面對任何議題與事物，都能夠深度思考，掌握事情真正關鍵的核心；而有深度的思考，也才能發揮極致創意。

優勢可以創造，關鍵在如何判斷外界的客觀「形勢」。有時外在環境不利，但如果你能放大視野，就會產生扭轉「劣勢」的契機，將弱勢變成強項。

第四章 與整個世界溝通 85

如何在龐雜的資訊中獲取有用的知識？如何在速度的競爭中不被甩開？在深度的思考、創意的發揮之後，與整個世界溝通的精神，是最大的關鍵力量。

第五章 熱忱！熱忱！熱忱！ 98

熱忱如何而來？其實它早已存在每個人的心中，當你能對最小的工作環節抱持著用心的態度，熱忱就會被勾引出來，然後你會發現原來熱忱是用不完的，你越激發它，它就越能產生巨大的能量。

當你陷入困境，如何解救自己？首先你要有正面思考的作為、積極的態度、樂觀自信的能量，讓你有勇氣迎接挑戰。第二是你必須體悟到，在你的生命中沒有永恆的快樂，也沒有永恆的痛苦。第三是你得找到方法來管理自己的情緒。

為什麼物質上什麼都不缺的台灣，仍讓人覺得有一種不安定感？那是因為心靈缺乏滋養，精神因而空虛所導致的。

第八章 體會工作的眞義 157

工作的意義是什麼?是名片、是頭銜、是每個月讓你的心臟猛烈跳動的業績報表，還是讓你永無止盡追求名牌奢華生活的薪津?你求的是什麼?你的出發點，決定了工作的價值。

第九章 學習過一個平凡但不平庸的人生 177

我們的孩子躲在學院裡，修完學士修碩士，修完碩士再拿博士，還躊躇著要不要走出來。但即便你拿到數個學位，如果仍然找不到心裡安身立命的所在，學位只是讓你擁有一個加倍不滿的未來。

第二部　做別人生命中的天使

第十章　伸出你的雙手　188

許多人常常有錯誤的觀念，總覺得要有錢了才能去付出，或是退休後才有時間做公益事業，但公益慈善最重要的不是捐出金錢的多寡，而是一種精神，一顆願意幫助別人的心。

第十一章 擁抱天空下的星子 209

生命中隨時都有讓人感動掉淚的事，像是上天一不小心失手墜下的星子。為什麼我們不多做一點？不多付出一點？也許你伸出一隻手，也許只是輕輕一扶，重新讓他們站上天空，根本不是什麼了不起的事，但你卻得到了整片星空。

第一部

做自己生命中的天使

第一章
發現自我的潛能

你是一個創造型的人，還是一個檢查型的人？
你是一個嚴謹守成的人，還是一個創意飛馳的人？
你是動腦的人，還是動手的人？
你是豁達的人，還是悲觀的人？
你必須不時的問自己內心真正的感受，
而不是聽從社會的潮流或習性來選擇工作，
才能真正找到「適才適所」的理想未來。

找到自己的價值

1 做自己的嚴老師！

故事又要推到三十多年前，當時我在美國運通當領隊，常帶團到歐洲旅遊。我發現，那時候台灣的觀光客抵達每一個景點以後，心裡只關心兩件事：第一是和地標拍照，因為要證明本人到此一遊；第二是找中國餐廳，因為吃不慣西方人的食物，也不願意嘗試。

我覺得很納悶，那個時代出國一趟不容易，為什麼好不容易來到歐洲，這裡有許多歷史、藝術和文化可以參觀，但大家似乎都沒有興趣？

學老蔡好？還是學小李？

有一次我們到一家中餐廳時，正巧碰到另外兩個也是來自台灣的旅遊團，一坐下來，團員們彼此聊起天來，忍不住私下探詢彼此：「你們的團費多少？」「總共幾天？」「到哪幾個國家？」他們還比較誰住的旅館高級，誰吃得比較好。

我帶的團是美國運通的，團費比其他旅行社高，住的旅館都是很棒的。但往往我們選的旅館，它的「好」無法讓當時的旅客一眼就看出；因為在歐洲，昂貴的旅館常常是那種外表看似陳舊，但卻具有深厚歷史的古老旅館。如果你不能了解它背後的故事及真實的價值，很容易就會誤會下榻的這百年古董實在「設備老舊」。關於這點，我總要不厭其煩的一再解釋。

比完了旅館，他們也會比較領隊。

有些旅行社的團員們會說，我們這團領隊多棒多棒，是老闆親自帶隊。蔡桑最貼心了，他知道我們吃不慣西餐，甚至自己帶電鍋，早上煮稀飯給我們吃，還從台灣就準備好肉鬆和醬瓜帶來哩。我一聽就傻眼了，其實我不好說，在國外飯店餐廳裡用早餐價格並不低。蔡桑那樣「體貼」的做法，只是旅行團省錢的招數。可是怎麼辦呢？蔡桑這樣做好像得到了客人的贊同，難道下次帶團，我也得帶個電鍋嗎？不然怎麼跟人家競爭？

另外一個領隊小李，對團員是百般獻殷勤，遠遠看到客人走來，立刻雙腳一併，行個九十度鞠躬禮，更別說幫客人提行李、拿東西，還有討好客人、陪客人四處採購，對客人的要求無所不應了。

那時我在心裡想，我是哪一種人？該做什麼樣的領隊？站在同一個競爭市場下，我是學老蔡好呢，還是學小李？

創造不同於他人的價值

後來，我決定誰也不學。

我覺得這樣的領隊，都不是我要的。

很多領隊帶團總是行色匆匆，到了甲地就是拍照和購物，到了乙地還是購物和拍照。東跑跑西跑跑，行程緊湊，卻什麼也沒有收穫。

服務和貼心本來就是領隊的責任，但還不夠，我不甘心只是做這樣的領隊，**我必須在這工作中創造不同於他人的價值**。

於是我決定開始教導團員：旅行的真義。在拍照與購物之外，我準備了大量的資料，在旅程中講述歐洲的文化和歷史故事給他們聽。因為我知道這可能是他們一生中唯一一次到歐洲的機會，我不能讓他們身處文化的寶山卻空手而回。

譬如每一次帶團去羅馬，我知道參觀的將是廣場廢墟，這個地方曾是古羅馬的政經中心，兩千年前神廟林立、殿堂高聳，權力、金錢、文化、愛情，在這裡譜出一個又一個傳奇；野心勃勃權傾一時的凱撒大帝、歷史上最具致命吸引力的埃及豔后，而這一切，到如今只留下斷垣殘壁。對不了解故事背景的觀光客來說，很容易一眼瞥過、拍張照片就匆匆離去，而我會在抵達之前，就有計畫地將凱撒、埃及豔后以至聖彼得的整個歷史都講述一遍。

等到了羅馬，在廣場又碰到其他的團體，他們同樣的迅速拍完照片，就急著離開，離去時還拋下一句：「這有什麼好看的，一堆雜草和石頭，跟違章建築沒什麼兩樣。」

可是我的團員就不同了，他們沉浸在歷史故事中，他們知道凱撒大帝和埃及豔后，他們知道這個帝國是如何興起、如何衰敗。就在廣場上，我指著一地，告訴他們：各位，昨天我跟你們講的凱撒大帝被刺身亡，愛將安東尼抱著他的屍體走到廣場面對著群眾演講，就是你們現在站著的地方！

哇！你可以看到每個團員都露出一副不可思議的樣子，他們的表情有了變化，因為他們預先已知道這段歷史，心裡是有感覺的。面對廢墟，他們不再只是把它看成違章建築，而是得到更多更豐富的感動。

從這裡，我體會到，這樣循循善誘的教導方式，鼓勵他們去認識更多，他們的感動與收穫也會越多。

接下來幾天，陸續跑了一些歐洲著名的美術館和博物館，當別的觀光客由於不了解藝術作品而無心欣賞，往往只是把美術館和博物館當作買紀念品、休息與上廁所的地方時，我則帶著我的團員，一幅畫一幅畫解釋給他們聽。我講梵谷的故事，教他們看「向日葵」，看陽光畫在畫布上的感覺；再看「麥田烏鴉」，梵谷後期心情鬱悶的時候，畫出來的烏雲，收割後的麥田，景色如此淒涼。

而讓我感動的是，我的團員不再把美術館當成上廁所的地方，而是耐心的跟著我在美術館走了兩三個小時。

一個星期後，團員們不再以領隊稱呼我，他們改稱我為：「嚴老師」！

剎那間，我知道不一樣了，我們彼此的人生都有一點小小的改變，而整個旅行的趣味也更加豐富起來。

於是當下一次我的團體又與其他的台灣團體在中餐廳吃飯碰頭的時候，我再也不擔心他們互相比較團費，也不在乎住的旅館了；因為我的團員都迫不及待的想與別人分享他們參觀景點時所獲得的文化內涵和經驗。

往後我每次帶團，曾經與我同行的團員經常會向新的團員推薦說，這是他們參加過最好的旅行團；不是因為吃，不是因為住，而是因為我讓他們看到更寬廣的文化，更大的世界。

當然帶團出國時，我也就不用帶電鍋了。

不管你的工作或職位，在你未來的人生中，你可以選擇當「小李」，也可以選擇做「老蔡」，當然你也可以選擇成為「嚴老師」。

小李、老蔡各有他們的領隊作風，這沒有誰對誰錯的問題。只是如果你能夠在其中尋找到屬於自己的價值，這才是更好的選擇，因為這樣做，不僅讓自己提升，也能夠影響、改變周遭更多的人。

找到自己的價值 ➡ 剖析自己的性格 ➡

2 你是什麼人？

我常常在想，如果有上帝的話，祂很聰明，很有計畫的創造出各種不同的人，好讓這些不同屬性的個體從更周延的角度維持社會的整體平衡。基本而言，不管在任何地方，一個組織，一個社會，其實都需要不同能力的人，分工合作，各司其職，如此這個團體方能穩定正常的運作。

這樣不同的人除了有不同的面貌、身材、膚色等等外在特徵，同時也具有不同的個性。可是偏偏個性是不容易看清楚的，所以有時人們會陷入自我的迷惘，失去自己真正應該追求的目標。

個性就是你的「天生我才」，唯有認清楚它，你才能訂出正確的人生目標，也才有不斷追求進步的動力，也才能「必有所用」。

這樣說吧，一個太瑣碎、很會挑剔的人，他的「龜毛」可能讓他在同學或朋友之間不受歡迎，但如果一個認真了解自己這種「負面思考、挑剔」特性的人，能夠善加利用這種「上帝賦予的特長」，他去做品管工作，會成為一位滴水不漏、毫不妥協，優秀的品管人員；他去當檢察官，會是一個追根究柢、辦案確實、不畏權勢的檢察官；他去當法醫，很可能會成為觀察入微、思維細密，像李昌鈺一般讓證據說話的神探，因為這些工作正需要他們這種嚴謹、仔細、挑剔的個性。

反過來說，有些人善於跟別人溝通，處處體諒人、為別人著想，這種好人個性大家都愛，但要是他去做品管人員，那就鐵定是災難！因為他會覺得人家辛辛苦苦努力工作，百分之九十八都做對了，怎麼忍心去計較那百分之二的錯誤呢？於是體諒、妥協、圓融的個性，反而是他工作上最大的敵人。

個性決定了你的未來，如果有錯誤的認識，就會走向錯誤的方向。

基本而言，人的個性都同時存在兩種相對面：感性的和理性的，開創的和守成的，強勢的和溫和的，包容的和獨斷的，積極樂觀的和消極悲觀的……等等。一個人具有創意的天性，另一面卻很可能是相當粗枝大葉；而一個細心的人，可能是很講求實在的個性，另一面卻也可能是很龜毛的人。當你了解人這種相對性格，它並沒有好壞之分，而是讓你能夠判斷到底自己應該當什麼樣的「人」、做什麼樣的「事」。

我想舉幾個例子，大家一看就會明白。

律師、法官的變與不變

以學法律的學生而言，他們未來大部分有兩條出路可走，一個是當法官，一個是當律師。這兩個「職位」雖然都以法律為所本，也同樣稱為「法律人」，但卻是性質截然不同的兩種工作，要求的是不同個性的人。

當律師的人，他的職責是盡其可能使人勝訴。早上代表的是原告，下午代表的是被告，三天兩頭角色隨時可能轉換，他的立場是會因為他所代表辯護的人而改變的。就工作層面上而言，他必須夠敏銳夠機伶，隨時因應情況，提出最有利的律法解釋，符合訴訟人的最大利益。

這一點就不同於「法官的性格」，當法官的人基本上立場是要永遠一致的，公平、公正、公義是必須堅持奉行的準則。就工作層面來說，對於法律條文的規定和解釋，法官不能因人、因事，更不能「因勢」而有所不同，他的立場不能隨便偏移，否則將會使得司法失去公信力，民眾無所適從。

另外就法官這個角色而言，他最怕的是狹隘與主觀色彩太重。法官需要更博學、更寬厚，他的判斷能力是來自於他必須要廣泛了解社會的各種現象和環境演變，然後再去做結論。法官千萬不能只是研讀完了法律規定，認為就照著條文來做判定即可，否則有可能因為這樣狹窄的見解，讓所謂的公平淪於主觀，反而變成另一種不公平。

我們也可以這麼說，比較善於面對不同當事人立場而調整角色性格的人適合當律師，而性格上剛正不阿、一以貫之的人比較適合當法官。

想想看，要是把這兩種不同性格的人，工作互相對調，而他們卻不懂得這兩種工作必須以完全不同的態度去調整自己的作為，那司法一定會亂了套。

由律師性格的人去當法官，如果他不隨著角色的改變而調整個性與立場，結果將會使司法的公正性受到挑戰。而由法官性格的人去當律師，他那堅持、無法動搖的是非感，可能未必可以保護當事人最有利的權益。

可是青年人在對這個工作做抉擇的時候，往往不是從自己的個性上來分析，反而是從就業的機會，或是受到父母親傳統的觀念影響。有些人明明個性上是一個絕佳律師的角色，父母卻認為工作最重要的是安定和永續的保障，於是選擇當法官。而有些人明明個性上是適合當法官、檢察官的，卻因為看到律師的收入較好、自由性較高，於是投入了律師的行業。

很可能因為這樣一個抉擇，決定了你終身的命運，也同樣對這個社會安置了一個未必最適合、甚至有負面影響的社會成員結構。

醫生是看「病」，還是看「人」？

再舉醫師為例，我們去醫院有時會遇到那種看都不看病人一眼的醫師，心裡很納悶為什麼當我們講著自己的病痛，他卻只是盯著冷冰冰的電腦螢幕，然後開出藥方，匆匆忙忙就結束了看診。

這樣的醫師，真的適合「看診」這個工作嗎？

以醫學院的學生來說，他們在經過考試嚴格的篩選後而取得「預備醫師」的資格，他們天生的資質相對的也較一般人優秀許多，然而不管成績如何好，智商如何高，這些條件並不能保證他就適合當個臨床醫師。

最重要的仍然是要去仔細分析個性，看看自己究竟合不合適。

同樣是學醫，同樣擁有良好的智商及醫學技術與病理知識，有些人的特質是不怕寂寞，可以一天到晚盯著顯微鏡下的「疾病」苦思克服病菌的方法，而且不為所苦，這種特質就很適合從事醫療與病理研究的工作。另外一些人天生就有種親切的、說服人的特質，讓病人第一眼就能產生信賴，而這類人就很適合在看診室裡面對「疾病」，因為他能讓醫病關係有良好的互動，治療的效果自是事半功倍。

當然也不全然可以這樣區分，在台灣現行的醫療制度下，看診變成是「業績」，許多可能成為很優秀的臨床醫師在這種不合理的評比要求下，根本無暇顧及醫病關係。這種制度設計的錯誤，使得醫師們在工作上的辛苦付出經常被誤解，是相當不公平的。

然而回過頭來，我們最終要追問的是，不管是從事病理的研究工作或是在第一線的臨床看診，你的個性適合當個醫師嗎？

在早期台灣傳統的社會，其他產業尚未像今天這樣蓬勃發展與開放，選擇當醫師濟世救人是個極佳的抱負，而且這份職業具有積極與進步的社會表徵，能夠成為一名醫師對上一代長輩而言的確也代表著光宗耀祖，顯赫門楣。但如今「光宗耀祖」的方法已不再局限於醫師一途了；而且醫師工作的神聖又豈止是「光宗耀祖」而已，當病人或病家在心靈最無助的時候，他是他們生命的守護神、人間的活菩薩。醫師工作是人類可以從事的最崇高的志業之一，而它最大的報酬絕不是來自於高薪所得與外在名聲這樣的榮耀。

你選擇了醫師作為人生的志業，是否只是因為在讀書的時候，功課是頂尖的，分數是拔萃的，家人期許你將來有受人尊敬的社會地位、優渥的經濟收入，於是你就順著這些期待去報考了醫科？

當初有沒有人告訴你，醫師最重要的其實是要具備「仁心」，要對人們的病痛能感同身受？有沒有人告訴你，醫師的工作非常繁重，並且需要膽大心細的個性，不容許出半點差錯，因為那關係的將是許多活生生莊嚴的生命？你想清楚自己的個性了嗎？有沒有問過自己是否能承受這些壓力？

你必須不時的問自己內心真正的感受，而不是聽從社會的潮流或習性來選擇工作，才能真正找到「適才適所」的理想未來。

現在讓我們回過頭來仔細思考：你了解自己嗎？你是一個創造型的人，還是一個檢查型的人？你是一個嚴謹守成的人，還是一個創意飛馳的人？你是動腦的人，還是動手的人？你是豁達的人，還是悲觀的人？

當你能仔細去分析自己的個性，你就可以很有自信的去選擇那些或許別人看來覺得冷門的科系和行業，因為你認識自己，知道發揮自己獨有的特質就能得到最好的成果。

找到自己的價值

↓

剖析自己的性格

↓

突破性格的局限

3 突破就是提升

分析自己的個性，的確有助於你決定適合往哪個方向發展，這是一個「通行順暢」的指標，告訴你該往哪裡去比較好；但了解自己的個性之後，千萬不可以在人生路上先畫上一個個「禁止通行」的標誌，讓個性成為阻礙你自己成長的關鍵因素。

有些人往往一遇到問題或挫折時，立刻就把責任歸咎於「個性使然」。他們會說：「我就是這樣的個性，沒辦法！」「我本來就不適合……」我想這樣的說辭很容易變成不負責任的藉口，也無法進一步提升自己的能力。

的確，沒有人是十全十美的，所以不要欺騙自己什麼都是優秀的；當你了解自己的特長或缺失後，最重要的是如何去運用這些特質，讓事情能夠做到盡善盡美，這也才是我們可以追求與掌控的。

讓優點加分，將缺點補強

首先，當你明白自己個性上哪些優點適合這個工作，你就必須花最大的時間與精力讓這個優點繼續加分。這些特長本來就是你的優勢，隨著時間一久或是由於太過於自負，你可能忽略它，它就會逐漸萎縮。

例如一個音樂演奏家，表面上看來是一個舞台上的表演家，他可以藉著音樂輕輕鬆鬆就觸動、撫慰眾人的心；然而事實上這個演奏家也必須是個超強自律的人，即使他的演奏技巧已經是世界頂級的水準了，他仍需不斷不斷地練習加強，尤其上台前更是不敢鬆懈，一次又一次讓自己的技藝提升，好要再更好。如果不這樣做，儘管他本來已經擁有演奏技藝上的優勢，也會因為生疏，使得臨場的表現不如預期。

那麼如何對待那些工作上，可能是你個性特質中比較弱的環節呢？我們常說某個人是天生領袖級的人物，但若你不是具有此種特性的人，是否就不能當個領導者？假使你有勇氣去修正、去改變，突破自己的慣性，那麼答案當然是否定的。

以我自己來說，我本來是個對食物「味道」不那麼敏感的人，然而從事旅館服務業很重要的一環便是餐飲。如果我因為自己不具備這方面的特質，就乾脆放棄這一塊領域，或者馬馬虎虎應付了事，那麼我將永遠逃避此類相關事務，永遠無法提升自己的能力。這當然不可以！我不但不會因為這個弱點，讓自己掛上「禁止通行」的標誌，反而因為看清了這個標誌，去找出自己可以補強的方向。

這裡我要慎重提醒讀者，針對自己個性上弱點的補強，要以不違背原先的優點來進行。你還是得把大多的精力放在原本的特長上，千萬不可本末倒置。

例如，我不會為了想要提升自己對餐飲的技藝與認知，就親自去練習當個廚師；要知道一個優秀的廚師是必須花相當歷練才能養成的，以我在廚藝上的資質來說，就算把大部分時間投入學習做菜，發憤圖強、夜以繼日，最多也只能做到差強人意罷了。所以我把時間花在了解廚師的工作、食物菜色的搭配、飲食餐桌的禮儀、大量的比較與吸收各國的美食經驗，於是反過來從更客觀的角度對世界美食和趨勢有了更深的了解。甚至於我致力於結交世界各地名廚，也看到了中華料理的危機，於是領導各台灣名廚考察世界的美食發展，運用我個人細微觀察的能力，慢慢的也摸索出一點餐飲的門道，現在勉強被餐飲同業認同，我總算是一個「行內」的領導了。

是的，我做不成一個好廚師，但我可以補強自己，讓自己的「品味」提升。

記住！認清自己的個性特質後，不要畫地自限、抱著宿命的觀點、認為凡事天注定，然後雙手一攤放棄了！而是應該掌握住自己個性特質上的優缺點，並因著人生各個階段的轉換，讓它往好的、對的方向發展與改變，如此也才能不斷地提升與發現自我的能力。

第二章

從思考延伸你的觸角

我們要做的是自我的訓練，培養觀察與分析能力，
讓你不管面對任何的議題與事物，都能夠具有深度的思考，
掌握事情真正關鍵的核心；
有深度的思考，也才能發揮極致的創意。

1 用思考力掌握關鍵

現今世界科技的發展可說是一日千里，人們的生活也處處仰賴科技帶來的進步與便利，然而科技的使用者畢竟是人，所以人也千萬不可本末倒置，迷失在一日千里的科技中。

如同電腦雖然擁有儲存大量資訊與運算的能力，但它並不具備人腦思索與想像的複雜性，因此進入新世界，除了善於運用科技，很重要一點還必須善於深度思考，而這就有賴於培養觀察與分析的能力。

學習觀察力

一次高速的經驗

我第一次飆車的經驗是在三十多年前的德國。

那時我當領隊帶團到歐洲，旅行團的巴士行駛在德國高速公路上，我就坐在駕駛旁邊，四周的景物越來越快的向後飛馳，我很興奮的看著時速指針一點一點的突破九十、一百、一百一十公里，年輕的我年輕的血脈只覺得暢快過癮。三十多年前台灣還沒有高速公路，一般道路開車時速六、七十公里，就已經算很快了，更不用說超過時速一百公里，那是當時無法想像的速度。

作為一名注重旅客安全的領隊，我忍不住提醒當地的地陪導遊，我們是不是超速了？讓我驚奇不已的是司機竟回答我說，在德國高速公路是沒有速限的。正當我們說話的同時，突然左側接連幾輛車，迅速的超過我們的巴士，而且很快的拉開距離，消失在路的盡頭。

我心裡一方面驚訝，一方面無法理解，怎麼可能在德國高速公路可以沒有速限？一個沒有速限的國度，這是我未曾經驗過的，而我就身在其中，感受非常強烈！我不由得深深思索，原來我們一直是被習慣的環境限制著，當我們以自己有限、狹隘的眼光去面對外面無限寬廣的世界，恐怕很快的就會被別人拋在後頭，永遠追趕不上。

你以為的「快」、你擁有的「第一」，走出自己的小世界之後，還是如此嗎？

這也是為什麼我經常提醒青年朋友要把視野放寬，多去看看外面的世界。當你去接觸不同的環境，可以從別人或別的國家那裡體驗到自己的不足，也能打破既有的慣性的思考邏輯，避免讓自己的思維產生僵化。

面對新衝擊，不能只是讚嘆！

德國高速公路之所以開放無速限的駕駛，當然是為求交通的迅捷快速，然而這樣做多少會影響行車安全，不過根據統計，德國的高速公路是世界最安全的高速公路之一，事故率低於美國。

我們不禁要問：德國人是如何做到的？

一般人的結論是，因為德國工業發達，汽車工業技術居世界領先地位，同時德國政府花在維護與管理高速公路的經費相當龐大，讓德國人在硬體的安全性上比其他國家高出許多。

可是光有硬體就可以了嗎？當然不夠。

如果具有深入觀察能力的人，他們還會仔細去探討，發現德國交通事故率之所以低，還有兩個重要原因，其一就是德國人嚴謹、科學、執行徹底的駕照考試制度。

在德國，一個人要取得駕照往往得考試好幾次才能通過，考試項目除了理論測驗、急救訓練，還包括實際的道路駕駛，高速公路更是其中之一。這樣在上路前嚴格的要求與檢驗，使得所有的駕駛均具備良好的開車技術與習慣，自然也就減少行車時的危險。

另一個也是最重要的因素，讓無速限的高速公路保持它的安全性，就是德國人民具有嚴格的紀律，每個道路使用者都非常遵守交通規矩。

有個笑話是這麼說的，深夜的馬路上沒有半個人影，有一個德國人開車碰到紅燈，他立即停車等待。過了一分鐘，紅燈還是紅燈，他繼續耐心的等候；過了三分鐘號誌仍舊沒變，他顯得不耐煩，但還是繼續等。

十分鐘後，紅燈依舊是紅燈，他老兄氣壞了，馬上打手機給負責管理的單位，抱怨紅綠燈號誌壞了。這樣又過了半小時，相關人員趕來維修，他就一直等一直等，直到號誌修好，紅燈轉成綠燈，他老兄這才腳踩油門開車離去。

笑話當然是誇張的，你一定覺得這樣的人真是「又笨又迂腐」，但對凡事要求精準的德國人來說，「嚴格的紀律」代表著不鼓勵「聰明的變通」。

學習觀察力

↓

培養分析力

↓

持續追問，深度思考

除了上述，就培養觀察分析能力的角度來看，如果我們持續追問，經由透過對於無速限高速公路的探討，一個具有深度思考的人還會想到什麼？

絕大多數的觀光客回到台灣，一心讚嘆的是德國高速公路真好，設計完善到可以讓車輛無速限的行駛，德國人值得學習！沒錯，這是最初級的觀察力，而這也是大部分的人在這趟旅行裡所學習到的經驗值。

進一步，再用心的人會發現，除了公路硬體設備與車輛的優異性能之外，重要的是它有一個完善而嚴格的遊戲規則：我們看到公路上所有的左車道是超車道，速度慢的車子會自動行駛在右車道上，當你在駕駛的時候，只要後面的車子速度高過於你，就要主動的把車道讓出來，讓高車速的車子可以超車到前方；超車的車只要超過了前車就會自動的再回到右車道來。每個人都謹遵交通規則，車道自然暢通且高速。

這告訴我們的是，在硬體、交通法律之外，還要「教育」。讓法治的觀念深植民心，讓律法可以嚴謹的、有效率的執行，沒有任何說項的空間。

於是觀察思考到這個層面的人，他的結論是：有效率的使用高速公路的最高極限，這個社會必須有非常嚴格的交通執行單位，而駕車的人更必須有成熟的互相默契——我，是遵守規則的人；你，路上開車的任何一個你，也一定會遵守規則。所以開車時你不會心有旁騖，超車只會從左邊出現，不像在台灣，因為每個人都「聰明的變通」，超車總是左右夾攻，互不相讓。

彼此的信賴與嚴守交通規則，就是這個層次觀察與分析後的發現。

但是思考光停在這一點也還不夠，還要懂得運用此種觀察分析舉一反三。

高速公路如此，反映到公司的運作、社會的互動上，不也是如此嗎？舉例來說，其實自由民主不就像是一條無速限的高速公路？一個民主社會如果要快速的成長，自由不是每個人可以為所欲為，自由也不是代表可以不遵守規定，自由更不是執政的人說了算、不是聲音大的人贏、不是無止盡的「嗆聲」，而是在經過專業深度的討論後，必須在一個有效的規劃、嚴密的法律制度下，每個人循序而行。

個人與個人、個人與社會必須具有良好的互動關係，發揮自己的思想看法的同時，也懂得有氣度尊重別人的思考，甚至於保護弱勢者的自由，所以每個人都需要接受嚴格的民主訓練。當有了嚴格的訓練以後，每個人都能確實遵守規則，也就能夠產生默契，彼此互相信賴，如此才能真正發揮自由民主的精神，也才能在自由民主的高速公路上暢行無阻。

如果我們的社會無法建立在法制的精神上，**破壞制度的自由只是假象的自由**，如果國家的建設只是一味地媚俗取寵，而連基本的環保律法都不尊重，這樣的競速將會是禍端的前肇。

仰賴大環境自然的改變，是不可能培育出有思考力的下一代。我們要做的是自我的訓練，培養觀察與分析能力，讓你不管面對任何的議題與事物，都能夠具有深度的思考，也才能掌握事情真正關鍵的核心。

學習觀察力 → 培養分析力 → 擁有判斷力

試著用這個公式套用到讓大家最焦慮的台灣選舉問題吧！

現今台灣的社會，常有著集體弱智的現象，一方面百家爭鳴，好像什麼都可以討論，但一方面卻用扁平的思考去看問題，甚至於縱容政治人物、媒體肆無忌憚的談論族群問題、仇恨問題，所以往往只能碰觸到問題的表層。

就拿台灣目前的政治現象來說，台灣社會好像到處都充滿了等待的氣氛，等待環境變好，等待經濟改善，更糟的是好像大家都在等待下一次選舉的結果，卻沒有人自覺到如果我們自己都無法了解我們真正的核心問題在哪裡，我們必然將會一次次的落空，一次次的失望。

而真正的問題還是回到教育國民提升觀察的能力、分析的能力，及最後判斷的能力。

如果大家都知道台灣目前最急待解決的是經濟問題、是教育問題、是文化問題、是族群和諧問題，那麼手上握著選票的選民，居然不去用這樣的標準來檢視每一個你所選出來的立委與議員，甚至於容許他們以非民生相關的政治問題干擾了你的判斷能力，那麼也難怪在這些人脅迫下，政治領袖總是隨風飄擺，讓台灣走向極端。

假使我們能夠反過來發揮影響，給無論是藍綠的政治人物，立委或議員參選人，還是總統參選人發出訊息：如果他們無法給我們一個專業的經濟方向，他就不是我們的選項；無法談出一些文化願景，他也不是我們的選項；無法提出一套完整教育的遠景方針，那也不會是我們的選項。更別說那些只會破壞族群團結，無力凝聚社會共識的參選人，那更絕不是我們的選項。

經由每次選舉的過程，慢慢我們終於會體會到，原來不管是總統也好、政府的首長也好，他們的行為最終還是要被理性專業的立法委員或民意代表所牽制的，而選對這些民意代表，是要仰賴每人一票的選民的民主教育提升、判斷力提升、價值觀與文化教育的提升。

如果再深一層來看問題，你會發現，現在立委席次減半之後，許多參選者沒選上就轉而選縣長，縣長沒選上就去當官員；然而這些角色固然有其共通性，但在政治專業與分工的技術要求上卻完全不一樣。

當立委的人被託付為代表地方對中央反應發聲的喉舌，但更重要的一點是他還必須要擁有國際的眼光，來監督行政機關，並針對全民福祉做好公正、有遠見的規劃與立法。這樣的任務與必須具備的條件，跟縣市首長或是議員所要求的專業並不全然相同，甚至不應重複。

縣長與官員必須要有強大的行政管理能力，並且要有分工授權和整合溝通的能力，更重要的是他必須有視野、有遠見地依法行政，不濫權，不瀆職。

所以人民首先要能分辨出這兩種政治角色的區分，那些能做好地方選民服務和能夠妥善規劃地方建設、爭取經費的人，他對在地有充分的了解與認知，可能比較適合當地方首長。

反過來說，那些具有特別專業能力的人，比如國防、科技、文化、教育等等各方面的長才，即使他不做地方選民服務或爭取地方經費，但卻可以用更高的視野、從更長遠永續的角度為全民謀福祉，我們也應該把票投給他，因為這樣的人比較適合進入國會當立法委員。

只有在大眾具備觀察分析能力後做清楚正確的判斷，才能理性的為自己、為國家選出適當的人選。如此，或許再經過幾次的選舉以後，台灣就可以真正走向民主自由的康莊大道。

所以假設「人民當家」這句話是真的，那麼做老闆的人民就要懂得在「僱用」未來的總統或不同的首長與民意代表前，學習像企業用人一樣，先了解每一個職務的「職掌說明」與「任職條件」，根據不同職務的不同「任職條件」挑選適任的人，如此才可能有一個完美的政府，當然也才可能期待會有一個有效率的國家。

原來學習觀察力、分析力、判斷力是要用在每一件事物上面的，即使是在你不想介入的政治問題上。

2 必須要有打破過去思維的勇氣

發揮創意最重要的就是不拘泥於固有，甚至於要有勇氣打破舊有的思維模式，真正去研究了解並開發新顧客的生活偏向，然後大膽顛覆傳統，才可能走出自己的特色。

我這兩年分別在台中、蘇州規劃的亞都麗緻系統的新品牌「亞緻大飯店」(Hotel ONE)，其實是一個很有意思的例子。

打破

從一床兩椅開始

早期的旅館，一開始兼具兩種功能，一是商務，一是觀光。好長一段時間，幾乎各地旅館的陳設都一模一樣，一張床、兩張椅子、一個寫字化妝桌、床邊有一具電話。

四十年前，「第二具電話」的時代開始了；所謂的第二具電話，就是在浴室加裝一支分機，讓客人即使在浴室裡最不方便的時刻，也不會漏接重要的電話。再過十年，商務的客人越來越多，旅館的流行趨勢又增加了一項——一張兼具辦公桌功能的書桌，書桌上有了「第三具電話」。

此外，為了讓商務旅客可以在房間內接待客人，房間裡又設計了沙發區，一個三人沙發，再加上一個主人的單人沙發；為了招待客人，旁邊一定會有一個「迷你吧」，下方是小冰箱，裡面有各式飲料、酒類，上方則有各種輕食點心。浴室裡也變得豪華了，除了浴缸之外，再附上一個乾溼分離的淋浴區。發展至此，現在這些設備已經成為全球高級飯店客房裡的標準配備了。

客房之外，飯店裡開始有「商務中心」。這些飛全球談生意的商務客人，大多都是公司裡的高級經理人或是老闆，平常在公司裡，有祕書可以協助工作需要的文件打字、信件傳真，現在祕書不在身邊，到了飯店，他們需要有一個英文流利、有打字速記能力的專業祕書幫忙。

於是二十年前，亞都飯店就從新加坡、菲律賓、馬來西亞聘請以英文為母語的專業祕書來商務中心工作，專門幫客人解決這些基本的文書處理。

曾幾何時，十年前我們都無法想像的，現在每個人不論你來自哪裡，幾乎人手一台筆記型電腦，每個人都是自己的祕書。商務中心儘管服務時間越來越長，但重要性已經遞減了。

如何與五星級飯店競爭？

飯店發展至此，其實也到了一個瓶頸。論硬體設備，已經將一個「家」所需的客廳、酒吧、辦公室、臥室、衛浴，全部都容納到一個房間了；論軟體服務，專業的英語祕書也長駐飯店。當全世界五星級飯店、超五星級飯店都這樣做了，我們還能做什麼變革？還能加強什麼服務？

台中亞緻大飯店在籌備之初，我就一直苦思這個問題。

我突然發現，那些沙發、書桌、迷你吧幾乎佔房間的三分之一空間，這些設備竟然都是為了「萬一」有訪客來房間洽公而做的準備。可是現代人越來越注重隱私，如果要洽公，樓下有酒吧、有餐廳、有商務樓層、有沙發區，這些「公領域」足以滿足商務洽談的需求，客房裡應該是睡眠的、私人工作的、娛樂休閒的「私領域」。

客人的習慣已經改變，難道飯店不該與時俱進嗎？

顛覆顛覆，還是顛覆

想通了這一點，我立刻開始著手亞緻大飯店客房的規劃。

第一個要做的就是「顛覆」。

首先我將房間裡可以對坐洽公的書桌撤掉，其次把電視機從床鋪的對面搬到斜角，改成一個三十七吋的液晶電視、桌前有傳輸線、寬頻無線網路、5.1聲道環繞音響、iPod 轉接頭，再加上雷射印表機，滿足行動辦公室的需求。

坐在這個圓弧形的大工作桌前，你可以看電視、接上電腦收發E-mail、進行視訊會議，工作之餘還可以玩線上遊戲。拉開左手邊抽屜，有個人的文具組，還可以列印文件，渴了、餓了，右手邊是迷你吧，飲料、零食都在矮櫃裡。

坐在高舒適度的功能椅上，你甚至不用移動半步，就可以滿足你所有的需求，這就是我們首創的「**個人工作站概念客房**」(Workstation)。

另外考慮到來台的外國商旅大都人生地不熟，如何讓他們有賓至如歸的感覺？讓他們在異地活動時，能夠多一份安全與安心？於是我又有了新的創意。

當每一個客人抵達飯店時，立即會取得一支由飯店免費提供的個人手機。在這支手機上已經設定好許多緊急聯絡的方便鍵，包括隨時可以回Call飯店，有專人負責接聽，幫忙解決各種問題。無論是語言不通、遺失物品、緊急救助，都可以打這個電話，等於是將飯店的服務帶著走，不論你是在任何餐廳消費、健身房運動或在市區洽公，只要有人撥打你房間的電話號碼，你的手機自然就會響，這就是「**Mobile Station 行動工作站**」。

用同一支手機撥打國際電話，飯店還結合行動電話業者，以超低費率，以及飯店業首創無線網卡免費租借服務，全方位滿足商務旅客的行動通訊需求，也將飯店的服務拓展到飯店之外，同時打破「在飯店裡打電話很貴」的傳統印象。當然最重要的是多給了客人一份安心、親切與信賴感，也能夠提升外國旅客對台灣的好印象。

就這樣，亞緻大飯店開啟了飯店業界「Workstation 個人工作站概念客房」與「Mobile Station 行動工作站」的時代。

面對訊息量龐大且快速的新世界，幾乎每個人都享有取得資訊的公平性，也就是，從前只有少部分人能掌握的知識，現在只要你願意學習，管道是無限暢通的。既然所有人都站在同樣的立足點，除了依靠個人先天資質和後天的努力以外，如何在這樣的環境中爭取領先地位？我給青年朋友的建議是——發揮創意的精神。

如果拘泥在原有的思考裡，要去和世界上所有的大飯店比奢華，我們永遠比不過杜拜帆船飯店，只有跳出窠臼，往更細膩的服務方向去作創意思考，「體貼入心、更甚於家」，從 Workstation 到 Mobile Station，讓亞緻大飯店打開了另外一片格局。

百科全書也能被超越？

另外一個創意的故事，是網路上的維基百科。

在網路世界的維基百科出現以前，大家所熟悉的是《大英百科全書》，它已經有將近兩百五十年的歷史，經由好幾代專家學者，花費無數的精神和時間整理與修訂，才達到目前我們所看到的博大的內容。

而維基百科呢？從二〇〇一年由拉里・桑格（Larry Sanger）提出構想，到二〇〇二年十月正式在網路上推行，也就是距離現在才不到七年的時間，它的發展不但迅速而且廣博，影響力也與《大英百科全書》並駕齊驅。

維基百科之所以能夠在如此短的時間內取得傳統百科全書沒有的優勢，它的創意——讓每一個人都有機會參與這部百科全書的編寫，是最大的關鍵。

當初它的目標及宗旨是「為地球上的每一個人提供自由的百科全書——用他們選擇的語言所書寫的，全世界知識的總和」。想想看，集合網路上世界各國幾百萬人，甚至幾千萬人的力量一起編百科全書，那已經不是傳統百科全書能做到的。

從這兩個例子，我們清楚看到，許多事情本質並不難，只要加上一些看似小小的創意，所收到的效果卻是相當驚人的。

創意如此重要，可以讓你在競爭中脫穎而出，那麼如何取得創意呢？很重要的一點，我覺得創意有賴於個人的全方位學習。

例如這幾年台灣的餐飲學習，已經由傳統的師徒傳授，轉為正規技職教育來養成。很多年輕朋友選擇餐飲學校就讀，希望將來能夠成為廚師。

然而到目前為止，許多學校仍無法跳脫窠臼。中餐系只學中餐，西餐系只學西餐，甚至於前場服務只學習服務的技術面問題，缺乏多面向的課程。這種舊思維在一個明明已經擁有各種相關科系的餐旅專業學校，仍然無法打破、拋開門戶之見，實在非常令人遺憾。

如果一個學習中國菜的學生，能夠善用學校各類學習平台已經增多、增大的機制，能更認真的把日本菜、法國菜的課程研究一番，那麼他就有機會把不同的食材、不同醬料的做法融入中國菜，創造出新味道。

如果他也能夠選修前場服務的課程，他就有機會更了解顧客心理與現在餐旅服務的管理精髓。

同樣的，如果他更有心，也應該利用在學校的機會，去選修美術、音樂、行銷、財務管理等課程。不要以為這些跟廚藝無關，以音樂和美術而言，現在的美食講究的是色香味全方位俱全，包括用餐環境、音樂的搭配都是需要考慮的因素，而當他懂得美術與音樂，就能提升整體的餐飲品味。

當然，如果他能利用學校學習平台把自己的英文學好，把與餐飲相關的法文弄清楚，他更可以有機會在世界的每一個角落學習與工作。誰說中餐廚師的未來只在台灣，而不能是在美國、歐洲、中東的頂級飯店？誰又可以說，餐旅的從業人員不能把世界作為就業發光的舞台？

同樣的環境、同樣的學位，就是可以造就不同的未來！一切就端賴於你能否利用機會展開全方位的學習。

創意的產生，不可能忽然之間靈感泉湧，重要的還是日常的累積，多看多學，碰到需要時你能觸類旁通，應用不同的經驗，讓事情變得更好。

所以我要提醒青年朋友，特別是還在校的學生，為了提高創意，全方位的學習是必要的。多去涉獵本科以外的知識與經驗，加上你本來專精的，創意自然會源源不斷而來。

第三章 尋找優勢・放大格局

優勢是可以創造的，關鍵是你如何判斷外界的客觀「形勢」。有時外在的環境對你而言並不利，這時如果你能把視野放大，就會產生扭轉「劣勢」的契機，將弱勢變成強項。

1 創造優勢

前些日子，透過不同的管道，一位老同事再三的請託，要我會見一位計畫開發飯店的開發商，於是安排了一個午餐的機會與對方見面。有點意外的是，對方居然是一位由澳洲回來的原住民朋友。

從他的衣著與談吐看來，顯然他在國外居住了相當一段時間，於是除了度假中心的問題我給了他一些建言以外，我更感興趣的反而是「他」這個人。因為台灣原住民在國外發展成功的人實在很少，於是我就問起他的故事。

太平洋小島傳奇

在台灣的時候，他和許多原住民朋友一樣，從部落到都會裡尋找工作。當時他找到一家連鎖理髮店當學徒，學成之後工作了一段時間，一路也當到了師傅，後來就想創業。於是他回到故鄉台東開理髮店，沒想到生意不如預期，最後只好草草的結束營業。

正當他為工作發愁，有一天他去參觀在台東舉辦的南島文化節，那次的活動，主辦單位請來了許多來自國外各地南島語系的民族，包括紐西蘭、菲律賓、斐濟、索羅門、夏威夷、馬來西亞等國，演出當地的舞蹈和歌曲。

那天的演出很精采，不過他更驚訝的發現，有許多文化相通的部分，尤其自己的容貌居然長得跟斐濟人很像！這個發現實在太有意思了，於是他就去找斐濟朋友聊天，而他們對他很親切，連小部分的語言也有些許共通點。他彷彿天方夜譚一般生出一個念頭：既然自己的理髮店在台東做不起來，何不乾脆到斐濟試看看？

沒多久，他果真辦了移民，到一個只有八十多萬人口的南太平洋小島定居下來。

斐濟人淳樸善良，雖然比起台灣，他們的生活與文明足足落後十年以上，但或許是長相的關係，他們一點都不欺生，都把他當自己人。不久後他的理髮店開張，經過一開始的慘澹經營，後來生意逐漸好轉，他笑說，自己擁有的美髮技術，在台灣也許不是最頂尖的，但在斐濟卻十分的時髦呢。

生意順手了之後，他開始招收學徒。跟他學理髮的大都是斐濟的社會邊緣人，靠著他傳授技能而有了謀生的能力，自然對他十分尊崇，都把他當老師，而他也不吝於在技術之外，再輔導他們開業，將在台灣所知的連鎖店Know-How搬過去，開始了連鎖店的經營。而他也就名正言順的拓展事業，成為加盟店的材料與產品供應商。

一家家的連鎖加盟店越開越多，甚至於開到了鄰近的離島，他的經濟條件越來越好。就在財富逐漸累積後，突然斐濟發生政變，一夕之間，軍方包圍政府大樓、宣佈接管國家、接著任命新的總理上台。

雖然沒有大規模的流血衝突，但是股票、土地、房地產價格一路慘跌。那時他手頭上有些錢，看到土地這麼便宜，就買下來。後來他才發現這種模式的政變，幾乎每幾年就發生一次，大多是由軍方主導，槍桿子揮一揮，然後換總理，這對當地人而言幾乎是稀鬆平常，也無人為意。了解這樣的背景後，他學會了運作的模式，等過了兩年，土地價格漲回來，他把土地賣掉，又賺了一筆。

幾年之後，又發生政變，他就重複的逢低買進，高價賣出，又賺了更多錢。最後他認為長此以往也不是辦法，同時也因為小孩讀書教育的問題，全家決定搬到澳洲。

到了澳洲又是人生地不熟，於是再向人請教如何置產。幸運之神再度降臨，這個朋友告訴他，澳洲土地大，你只要針對鐵路開發到達的地方先買土地準沒錯，於是他又押對了寶。他的土地，價格再度飛漲。現在他計畫要回到自己的故鄉投資開發。

這位原住民開發商說自己的故事，我真的聽得入神了，而這也正說明了「優勢是可以創造的」，就看你能不能有準確的判斷能力。

優勢是可以創造的

許多年輕朋友工作一段時間以後，憑著初生之犢不畏虎的衝勁，加上覺得自己的經驗與技術還不錯，便想創業。這樣的勇氣當然值得鼓勵，但若是沒找到關鍵的優勢在哪裡，經常是灰頭土臉敗下陣來。

優勢，可以是技術。你的產品好，競爭力就會強。

優勢，可以是創意。你的產品創新，自然吸引顧客的注意。而優「勢」，更關鍵的是你如何判斷外界的客觀「形勢」。有時外在的環境對你而言並不利，這時如果你能把視野放大，就會產生扭轉「劣勢」的契機。

在台灣自己家鄉無法謀生的理髮技藝，只是轉換到另一個地方，這個原住民朋友不僅開創出自己的事業，也得到最善良的友誼。這是多麼大的回饋。

現在他的連鎖店已經有四十多家。他不再替人理髮，而是負責從台灣進口理髮店所需的各項工具和用品。更重要的是，他已經成為了在海外有成反饋鄉土的國際企業家。

2 找出自己的強項

讓我從我最熟悉的觀光事業談起，看看尋找優勢必須與時俱進的道理。

二十年前我到國外宣傳台灣的時候，帶出國的經常是平劇、中國的書法、彩帶舞，和各種中華美食。當時外國人很喜歡這種具有濃厚中國味的表演或展覽，不管是現場寫書法或拉麵，還是平劇畫臉譜和翻筋斗，總能得到熱烈的回響，甚至當地的電視台都會轉播，台灣也因而得到在國際亮相的機會。

當時的情勢，由於大陸仍然處於比較封閉的狀態，台灣還能作為中華文化的代表。二十年後的今天，大陸已經開放了，當張藝謀的印象系列，在麗江、西湖「呼風喚雨」實景演出，將文化、山水、音樂，結合傳統藝術呈現，如果我們還是用白蛇傳、紅樓夢來宣揚台灣，我想效果一定差很多。

因為相對而言，在這方面大陸可以發揮的層面比台灣強很多。以民族舞蹈為例，中國大陸無論在舞蹈文化的多元性，或是舞者基礎培訓的專業技巧上都強過台灣；另外因為它地廣人多，往往以展現大陣仗的表演來勝過我們，甚至於一些極具特色的演出，例如把少林寺武僧及特技搬上台，那麼當然會吸引所有的目光。

在這種情形下，我們該如何突顯台灣呢？如何把台灣新的特色與優勢找出來？

將「弱勢」變成「強項」

追逐別人已經成功的事情，這是捨本逐末。你必須要能找到屬於自己的優勢與強項，對外才能有所區隔，別人也才能看見你。

在細心的觀察與思考後，我發現這麼多年來，台灣從早期完全承襲且發揚了中華文化的精髓，到這幾年，慢慢融入了我們本土所擁有的，例如傳統原住民舞蹈音樂等等，使得我們有一群藝術家們在學習的過程中，淬鍊出許多屬於台灣獨有且更精緻人文的新文化創意特色。

我們必須重新選擇，到底哪些才是呈現台灣特色的最佳代表？例如在藝術方面是漢唐樂府，是原舞者，是優劇場，是果陀，是屏風表演班，是雲門，是胡德夫與野火集，是陳昇、是伍佰、是蔡琴，也是蔡依林；在文化方面是周夢蝶，是蔣勳，是林谷芳，是幾米，是侯孝賢……在飲食文化上，是鼎泰豐，是珍珠奶茶，是台中的春水堂、花蓮的液香扁食、台南的周氏蝦卷、度小月，是食養山房……這些是台灣獨有的、屬於這個島嶼的文化特色。

從這樣的經驗我更加體會到，隨著時代與環境的轉變，個人與群體都得調整自己的腳步與做法，而你的選擇和你所呈現的內容如果是別人可以取代或超越的，那麼很快就會被淘汰、被遺忘。

另外我想指出所謂的「強項」，並不是一味地追求新穎與流行；現今整個世界在全球化的浪潮襲擊下，許多的國家和個人對自己所擁有的傳統資產沒有信心，一切都以西方的、有無國際化來作為判別的標準，殊不知只要稍微改良自己的傳統，加入現代的觀念，原來的「弱勢」反而能成就新的「強項」，說不定還能鼓動風潮，創造流行。

接下來我將敘述的是關於原住民的音樂，就是最好的證明。

3 走出去，唱出去！

一九九六年，亞特蘭大奧運採用了德國Enigma所改編創作的〈Return to Innocence〉這首歌作為宣傳主題曲。奧運的風潮，讓這首已銷售了數百萬張的歌，繼續燃燒，在全球傳唱。然後，大家才知道，歌曲中擷取的一段美麗旋律，竟然就是來自台灣阿美族郭英男在〈老人飲酒歌〉裡的原音。

其實，很久以前，布農族的八部合音演唱就受到國際的矚目，但那時我們還不知道如何去運用在國際宣傳上。而許多國外人士，對台灣和原住民的印象也都一直停留在傳統的「高山青」歌舞表演。

郭英男的歌聲給了台灣一個窗口。

在觀光協會會長任上的時候，我找到老友、「台灣原住民民謠之父」胡德夫到國外去推展觀光，同時也在他的推介和包裝下，找來郭英男的弟弟郭英明（郭英男當時已經因肺癌過世）和一些原住民朋友，一起站在為台灣宣傳的舞台上。

為什麼找他們呢？除了因為他們具有台灣的特色以外，我也想讓大家認識原住民多樣性的面貌。

在介紹「TAIWAN」之前，將郭英男的歌聲一放，沒有人不知道這首亞特蘭大奧運的宣傳曲。外國人很驚訝的發現：喔，原來這是來自台灣的音樂。

然後胡德夫上台了，他那渾厚滄涼的嗓音，每次唱歌，總能招來讚嘆的眼光。更令人動容的是，台大外文系的他不但英語流暢，日語也不錯，無論到歐美或日本，胡德夫不只表演動人，更能用精準的語言介紹他的歌曲，以及歌曲背後，屬於台灣這片土地的人文山水。

在異國的舞台上，每次他上台演出，天籟般的聲音迴盪，不管聽了幾遍，在台下的我還是忍不住熱淚盈眶，深深為台灣感到驕傲！

因勢利導、藉力使力

是啊，這就是台灣的歌聲，這就是台灣的生命力，我們要懂得愛惜。台灣還有許許多多別人所沒有的特色，就看你如何讓它的價值發揮出來。我們往往不知道自己擁有什麼樣的優勢，其實只要多用點心，無論是個人或國家，都能發掘出本身已有的特色，然後善加利用它，就會產生意想不到的結果。

從郭英男歌聲意外的被收錄成為亞特蘭大奧運會的主題曲，我們除了感受到對方非常肯定台灣原住民的文化實力以外，政府更應該因勢利導、藉力使力，讓更多的原住民歌唱家走向國際讓世界看得到，讓台灣放大格局！

藉胡德夫的天分與熱忱，重新把郭英男及其家族的聲音當成觀光推廣的夥伴，只是我微薄力量想要引導與證明給政府主政人員參考的方法，最終還是要靠政府以更大的格局與資源為原住民開創舞台，發揮影響力。

4 格局決定成敗

我之所以不斷強調珍惜我們所擁有的資源，並不是要大家只把眼光局限在自己身上或自己的國家。相反的，由於看清楚自己所擁有的優勢，用最大的可能去創造機會，你才能自信的去規劃長遠的目標，把格局做大。

我常常在想，如果我有能力影響政府的文化首長，我將用什麼樣的方法、把像胡德夫這樣碩果僅存的台灣原住民文化菁英行銷到世界去？

我想第一階段我會將重點放在「扎根」。

首先要利用政府的資源先找到國內或國外第一流的作曲家，和他們一同追尋採集並整理原住民各族的音樂材料，有些還原，有些重組，有些甚至要加入現代的節拍與元素，然後每年做一次有系統的、專業的大型發表會。

當時機成熟就必須要邁向國際——這是第二階段「連接」。我會利用國際知名演唱家來台演出的機會去創造話題，比如來過台灣的明星裡，像是艾爾頓・強（Elton John）、莎拉・布萊曼（Sarah Brightman）等等，在邀請的第一時間，我們可以與代理公司協商，演唱會由政府或企業單位部分贊助，爭取在表演的中間，加上一段由國內演唱者如胡德夫、張惠妹與國際巨星一同登台演唱的機會（當然，先決條件是我們推出的主角必須具有絕對傲人的特色與水準）。

想想看，如果艾爾頓・強可以和張惠妹同台演唱、莎拉・布萊曼和胡德夫一同飆歌勁舞，將會獲得多少的媒體青睞？這樣的演唱傳到國際，又有多少人會聽到來自台灣的天籟之聲？

如果這樣的安排，可以成功的讓人留下深刻的好印象，那就可以走向第三階段「宣揚」。

宣揚的階段還是必須要有台灣的國家機構或企業贊助，當這位巨星在國際演唱時，也能有我們的歌手同台成為特別來賓，這時就充分發揮了藉由國際巨星的聲譽來發揚將台灣原住民音樂及歌手介紹到全世界的功能！甚至只要在第二階段成功的變成話題，自然就已經成為可以藉力使力、有國際背書的行銷元素！

我深深覺得任何的規劃，不能只是放煙火式的、市集式的、美食節式的，那或許可以作為階段性的手段，但最終極的目標是你必須創造有自己特色的文化。

當我們清楚自己的優勢，也知道如何以長遠的眼光來經營自己的未來（包括硬體與軟體），文化的保存才能成為真正的財富，也才可能有永續的發展與未來。

而對於政府的形象行銷，更是要傾國家之力尋找所有的文化素材，創造所有可能的機會，放大各種可能，初期必須有計畫的循序漸進，厚植基礎，最後才有可能說服國際上有影響力的人、藉力使力行銷國際。

回到這一章最前面，我提到那位移民澳洲的原住民朋友，如果當初選擇繼續留在台東，恐怕今日還是難免坐困愁城，不知客人何時上門。也幸虧他選擇的是斐濟，在那裡他的技術擁有領先的優勢，語言和生活上也能適應當地。換作到了美洲，或任何國外的大城市，我想優勢不再，成功的機會也就相對減少。

儘管他的遭遇有些許的運氣成分，但運氣和機會一樣，你不去找它，它是不會自己跑來你面前的。

另外，不要忘記，他大方的把自己的技術教給當地人，無形中放大了自己的格局，也因而成就更大的事業。

認清自己的優勢，放大心中的視野。我想提醒大家，千萬不要被自己習慣的觀念所拘束，多嘗試以不同的角度去認識傳統，才能從現有的資源中找到創新的力量。

同時，我也要鼓勵大家，多去外面的世界走走，用拉長時間和距離的眼光來研判未來，如此才能持續的往進步方向前去。

第四章 與整個世界溝通

二十一世紀不但是個資訊快速累積膨脹的時代，
也是無國界的科技時代。
如何在龐雜的資訊中獲取有用的知識？
如何在速度的競爭中不被甩開？
我們要跳出島國心態，勇敢出走，
多去認識別人、認識不同的環境，
才能吸收、培養足夠的智慧面對未來。

1 迎接科技新世界

遠在美國資深新聞工作者佛里曼《世界是平的》（英文版，二〇〇四年）這本暢銷書發表的數年前，我在第二本書《御風而上》（二〇〇二年）裡，就已經不厭其煩的強調一件事情：**千萬別忘了，我們將來面臨的是一個無國界的競爭環境。**

那時我舉印度為例，說明電腦科技的進步，改變了人們既有工作模式的進行，而且很清楚的說明此種新型態的模式如何運轉。

書中提到，印度從一九九一年改善衛星通訊系統以後，開始承接美國有關醫療紀錄方面的業務。所謂「醫療紀錄」，就是每一個醫生在看病時，把他對於病人狀況的陳述用錄音的方式記錄下來，然後交給祕書打字整理並建檔。以往這個流程，平均需要兩個星期的工作時間才能完成。印度的公司看準了商機，就站出來說：交給我們吧，我們可以用一天的時間完成！

印度是如何承攬這樣的生意？現在說來簡單，它的工作模式就是把這些錄音轉換成數位數據從美國傳輸到印度，然後分配給當地的各個工作小組人員，這些人有的是在家裡的SOHO族，有的是打工的學生，有的是高學歷的家庭主婦。

他們分工合作、價格低廉，在自己的電腦裡面很快的把錄音病例的資料打成文字，編輯成檔案，再傳輸回美國。於是不用再等兩個星期，美國醫生在看完病人、隔日早上醒來的時候，所有病人的資料檔案，都已經建立在電腦裡了。

印度可以，菲律賓也行！

除了資料性的整理，現在進一步的，多工交錯的工作型態又更加精細與龐雜，新型態的工作模式也已經發展出更大的規模，當然也包括跨國競爭在內，例如在Call Center這方面，菲律賓就成了印度主要的競爭者。

我的一個朋友在菲律賓成立了Call Center公司，為了了解他們是怎麼從印度人手中搶到生意，更好奇他們如何處理一個遠在千里的顧客所面對的一個大公司千變萬化的訊息，而且得到這個公司完全的信賴，於是我特別飛了一趟菲律賓做實際的了解。

朋友的這家公司裝潢得簡單大方。員工有幾千個人，每個人桌上乾乾淨淨，就是兩台電腦，他們的業務很單純——專門替美國的公司處理電話服務。

業務之一，有個美國某信用卡公司，委託他們處理顧客抱怨，於是所有客訴的電話都轉接到菲律賓的Call Center。

在Call Center的辦公室裡，一個員工操作兩台電腦螢幕，一台螢幕顯示客戶資料，當任何一名信用卡用戶打電話進來，輸入卡號後，立即知道對方的資訊，包括姓名、消費的紀錄等等。另一台螢幕則顯示面對客戶種種問題的對應與解決方式。

當客戶開始詢問，你不用擔心亞洲的員工不熟悉美國公司的業務與流程，因為電腦早已經輸入了所有的問題與答案，只要打入幾個關鍵字，螢幕馬上就把答案秀出來。即使是疑問之下還有疑問，因為模擬問題做得夠仔細，電腦資料庫裡都做了萬全的準備。

而操作人員需要的只是態度親切、發音正確，然後照著述說就可以，不會有任何差錯。

你絕對無法想像，他們客制化服務精細的程度。例如，他們有一家來自美國南方德州公司的客戶，Call Center為了要讓顧客有更親切的感受，居然特別針對德州人的發音、腔調做研究，然後對員工做語音的訓練，打電話來的客人有一種鄉音般的親切，幾乎察覺不出電話的那一端居然跨越了太平洋。

另外，在顧客資料安全的考量下，所有員工進入工作現場以前，都必須嚴格遵守規定，將所有私人用品、包括手機放入置物櫃後，再經過警衛檢查，方可進入工作，以保障資料的不外洩。

無國界競爭已經開始

菲律賓以曾經是美國殖民地的美式英語教育基礎及廉價的勞力，正試圖從印度人手中分一杯羹，當然他們更希望的是能取而代之。

然而印度也不是沒有警覺性，他們因此深化他們專業的領域，從原來只整理美國醫療紀錄的工作，現在已經進一步做到替美國醫師分析病人檢查報告。

此種多工模式之所以可以成立，也是拜現代科技的進步所賜，除了X光片，所有的MRI、核磁共振64切……等等各種先進的醫療，往往一個病人照一次相就代表了會產生幾百張各種角度的相片，當然也包括了其他許多專業檢查的數據，這些都需要大量細心、專業的人力來仔細分析與判讀，於是就由印度的醫師來為美國醫師做整合諮詢和評估病人的專業工作。

這些經驗，讓我們了解到，原來需要去到美國才能承攬的工作，現在可以在自己國家就近的電腦工作，連辦公室也不一定要，在自己家裡面就可以完成，這是一個最現代最科學最有效率的工作模式。

更要注意的是，這種變化是全球性的，你在進步的同時，別人也沒有落後，所以你必須以更快的速度調整自己，讓自己擁有更大、更廣泛的競爭能力。

世界是平的，而且距離是越來越小的。

今日菲律賓的Call Center提醒我們，我們認識的「現實大世界」已經在「電腦小世界」裡日趨整合成為一個美麗新世界了。速限加寬，空間也沒有隔閡，這就是二十一世紀已經來臨的大變革。

這地球上任何一個角落，只要電腦可以連上線，靠著資訊高速傳輸的效率，天涯若比鄰，我們競爭與合作的對象不再局限於一個國家或一個區域。無論你是求學或是正在就業中，都要有心理準備，在這場無國界的競逐中必須時時關心科技帶來人與環境的轉變，才能掌握契機迎向未來，而不被淘汰。

2 勇敢走出去

過去我談了許多關於人與人溝通的觀念，大概可歸納為三個方向：一是易位而處，二是感同身受，最後則是謙卑。而在這裡我想更進一步談的是，人與世界的溝通。

不久前我與女兒有一趟兩個人的歐洲之旅，由於她大部分的學習背景都是在北美，因此學習到了一個階段以後，我特別建議她到中國大陸工作一年，讓她能夠深入了解崛起中的中國。中國之後，她決定申請歐洲的專業學校進一步的深造。身為一個父親，我實在無法給她太多有形的遺產。從小我就告訴她和哥哥：父母親能給的，只是盡量的提供他們學習的機會和環境，其他都得靠自己努力去爭取。

即使在這樣的背景下，我也感覺得出我女兒像許多台灣以及北美的年輕人一樣，比較缺乏國際觀，也沒有危機意識，對於人文素養的認知更是不足；因此我格外珍惜這次的旅行，希望經由我跟她一起探索與「從旁解說中」，能使她對世界、對歐洲的文化有進一步的認識。

我們的世界很精采

在旅途中，聊起她的學校。她說瑞士的學校就像一個小型的聯合國，同學來自世界各地，她發現每個國家的人都有不一樣的特色。她很興奮的形容，德國人大多嚴肅而無趣，法國人則有某種說不出來的高傲，義大利人很熱情浪漫但不認真，還有英國人、韓國人……

我很高興聽她這樣分析，就某方面來說，她分析得還滿有道理。但是我也非常驚訝，擔心她這樣的看法過於刻板，被局限在既定印象裡。我原本想直接告訴她，各國人絕非如此劃分，那是因為她看得不夠多才會有這樣的結論，但我終究沒有直接點出來。

我想讓她自己親身體驗，可能比我說再多還管用。

剛好我們的旅程行經德國南部，於是我便帶她去緬因河（Main）岸重要的名城之一伍茲堡（Würzburg）。伍茲堡是一個在二次世界大戰中被盟軍砲火轟炸到幾乎全毀、沒有一棟建築物能夠完整留存的古城，我讓她見識到德國人是如何一磚一瓦的重建，恢復這座古城的舊貌。而這項重建直到六十年後的今天，部分工程仍持續進行，我女兒總算真實的看到並驚訝於一個民族對文化保存的用心。

與此同時，我們也參加了伍茲堡的啤酒節，雖然這不比慕尼黑的啤酒節出名，但卻也是當地七月的一件盛事。我們到那裡時啤酒節的慶祝活動正熱烈的進行中，我女兒看見德國人啤酒一大杯一大杯的豪飲，然後跳到桌子、椅子上跳舞，熱情的彼此擁抱，直呼不可能。

她說從來不知道一板一眼的德國人會這麼瘋狂、這麼的有趣，完全改變她原本對德國人的刻板印象。這一趟旅行我們還到了德國其他幾個城市，雖然她已經在國外求學多年，但對於當地歷史和文化的認識仍然不足。

我們常常到了一個地方，她對那裡完全沒有概念，我只好把多年前學習過的基本常識說給她聽，她才明白原來自己對人、對歷史、對世界的認識還不夠深刻。

我相信大部分的台灣年輕人與我女兒一樣，都缺乏與世界溝通的精神。不是因為他們沒有機會與能力，最主要是因為他們缺乏引導，導致他們只活在自己個人的世界中，越來越自滿，卻越來越閉塞。

走出去，才能得到更多

台灣的教育單位，家長和年輕人自己都沒去思考這樣的問題，大家關心的都只是考試的成績好不好，有沒有考上知名的學校或熱門的科系。這樣一來，我們的年輕人便躲進狹小的壁壘中只求考試高分，完全失去與外面廣大世界溝通認識的動力。

我想我舉德國教育的例子來做比較，就會很清楚發現台灣年輕人對認識世界的普遍不足。

德國的教育規定，學生在十六歲左右，在台灣，大約是高一的暑假（德國學制與台灣不同），每個人都必須找到一份實習的工作，這是強迫性質的，所以學生得想盡辦法去求職。

如果到最後有學生因為沒有社會資源，找不到實習工作，那就由學校來幫忙指派。而學校指派的，很可能是到雜貨店或超市去當整理倉庫的搬貨員等粗重無聊的工作，因此大部分學生小小年紀就要學會穿上整齊的衣服，甚至打上領帶去接受僱主面談與考驗。總之不論如何，學生必定要有這個學習的過程，訓練他們早一步認識外界的環境。

到了高二，則鼓勵學生出國，到世界各地當交換學生。這雖然沒有硬性規定，而是由每個家庭各自進行，但風氣興盛，現在大約已經達到相當比例的執行率，這些高二生會跟美國或歐洲其他各國的學生做交換。

你能想像嗎？他們在如此年紀所體會的世界，可能比我們的大學畢業生還多。

Gap Year，休耕才是能量的累積

英國的教育制度也是如此，高中畢業生在獲得大學錄取通知之後，可以不必馬上入學，有一年的時間讓孩子們去體驗人生。你可以去農場剪羊毛，可以去當西點蛋糕學徒，或者用打工掙來的錢買最便宜的機票去世界各地旅行。

這樣的經驗，就連英國王儲也不例外。十八歲那年，威廉王子就曾利用上大學前

的Gap Year，跑到南美洲智利南部的巴塔哥尼亞高原義務勞動。除了教授當地小朋友英語，還要伐木砍材、修補道路，在農場和來自各地的一百多名青年共同生活。

這是多麼難能可貴的經驗啊！

這樣做的目的無非是讓學生利用這一年，培養獨立的思考、溝通的能力，還有訓練膽識與勇氣，另一方面，也體驗將來想要學習的是什麼，並知道這個社會需要什麼樣的人才。

當十八歲的歐洲年輕人在世界上空飛來飛去、積極交流的同時，我們不禁要問：台灣的教育制度是不是少了一些什麼？

台灣教育制度缺少的這一環節，將使我們的年輕人關在自己的象牙塔裡，失去面對世界的機會。

所以年輕人自己更要有自覺。我們的起跑已經慢了人家好幾步，必須加快速度，勇敢走出去，與世界溝通。

第五章 熱忱！熱忱！熱忱！

熱忱提供工作的動力，也提升工作的價值。

熱忱從何而來？

其實很簡單，它早已存在每個人的心中。

當你能對最小的工作環節抱持著用心的態度，

熱忱就會被勾引出來，然後你會發現原來熱忱是用不完的，

你越激發它，它就越能產生巨大的能量。

1 關鍵字：熱忱！

在說明熱忱之前，我想先提一個故事。

有天晚上，我看到電視製作人王偉忠，和他旗下的幾個模仿藝人接受訪問。談起工作，那些藝人七嘴八舌的爆料，說工作中的王偉忠就像個暴君一樣，每個人都曾經被他狠狠地「修理」一番。據說有個女編劇，當初她把寫好的劇本拿給王偉忠看，王偉忠沒翻幾頁就把劇本往地上用力一丟，大罵「寫什麼爛東西！」她嚇死了，只得一邊哭，一邊趴在地上改寫。

另外一個藝人九孔，他一心想演戲，就跟著朋友進到攝影棚，希望能有機會在螢幕上露個臉。去了幾次，總是被晾在牆角。

有一天發怒的王偉忠突然一回頭看到他，覺得這個人怎麼長得這麼奇怪，大聲咆哮：「這個人是誰帶進來的？」現場沒人敢回話，九孔更是愣在那裡吭也不敢吭一聲。王偉忠瞪著他，隨口就說：「沒有角色可以給你演。想演戲，你就演隻『蚊子』吧！」

現場一片靜默。事情至此，有兩個可能。第一個可能，有些人會覺得簡直是奇恥大辱，我是來工作的，不是給你羞辱的，大不了不做了可以吧！轉身就走，從此死了這條心。

但是九孔選擇了第二個可能。他愣了幾秒鐘之後，臉部肌肉開始抽動變化，他瞇起眼睛、尖起嘴巴，雙手當翅膀飛舞，口中發出了嗡嗡的叫聲——他真的演活了一隻蚊子！當然，他也得到了工作。

訪談中還有郜智源、郭子乾等藝人，也都有自己的演藝工作「心酸史」。這些人都是很皮的人，但無論是哪種機會，即使要他在地上翻滾，要他盡可能的醜化自己、演一隻蚊子，他都願意。為什麼？難道真的有人願意被人羞辱嗎？

殘酷的考驗才開始

二〇〇七年，我們同時有三家飯店開幕，許多剛畢業的年輕朋友前來應徵工作，他們大都是國內各餐旅學校所培養出來的學生，不但成績優秀，也具備專業的才能。

在面試時每個人都相當有自信，無論是對自己的期許或是對服務工作的理念都能提出不凡的計畫與見解，並且說得頭頭是道。你若問他為什麼選擇這個行業。他們臉上露出熱情的微笑，堅定的告訴你：因為他們熱愛服務業，他們對服務充滿熱忱！

這些年輕朋友經過嚴格的競爭才獲得了人生的第一份工作，照理說他們都是一時之選的人才，而且對於旅館業務在學校早已有所歷練，但是等到他們真正進入旅館工作，才不到幾個月，便有一半的同學已經開始打退堂鼓了。

為什麼？不是因為他沒有才幹，也不是因為他沒有目標，最大的原因正是他們應徵時斬釘截鐵保證的「熱忱」！

這些餐旅學校優秀的學生，他們在學校都已經做到實習幹部了，對餐飲服務也掌握得不錯，但等到離開學校，到實際的旅館的餐廳工作，才發現現實世界與自己所學、所想的，還有相當大的距離。

過去他們在學校裡，都有過幾次接待貴賓的實習經驗，那通常是半個月前就開始準備。事先老師會帶著他們做預演，並一再耳提面命。能量蓄積完備了，正式的活動上場，大家堆滿笑容、聚精會神。累歸累，但一個晚上忙完了，總會被讚美個半天。同學們心滿意足，真的認為自己愛死了服務的工作！

等到真正進入實際的飯店工作，才赫然發現：「接待」不是偶一為之，是每天每餐都要做的，早餐做完，忙中餐，中餐忙完，還有晚餐，一攤接著一攤。別說是讚美，恐怕連喘口氣的時間都沒有。

在學校，他們是五十個同學負責服務十個貴賓用餐，而在旅館餐廳，十個服務生就得負責一百五十個旅客用餐，工作量與緊湊的狀況完全不能相比。

這時候，殘酷的考驗才開始。

你真的愛這份工作嗎？如果夜以繼日、年復一年的重複相同的工作，你還能從中找到快樂與成就感嗎？每天早上醒來，想到上班要去服務別人，就覺得充滿期待嗎？

如果沒有、如果你猶豫了，無論你的能力多強，你的體力多好，也會很快就垮掉了。

所有抱怨的背後

這些孩子們在真正踏入職場後發現了自己的問題，這樣還好，至少知道問題，就有機會修正，我更憂心的是前陣子曾經鬧得沸沸揚揚的一則新聞報導。

報導中提及，台灣某餐旅學校的學生在網路上留言發牢騷，說某位部長利用職務的關係，到他們學校參觀視察時，要求學生準備「國宴」款待。學生抱怨他們得花好多時間準備，而且因此「少睡好多個小時」。媒體的焦點當然集中在所謂的「國宴」和部長有無耍「特權」的嫌疑，後來校方也向大家說明，只是例行性「產學合作的成果發表會，大概用一個班的學生準備宴席」。

這件事讓我的感觸很深，當大家都把注意力放在部長該不該運用這種資源時，卻忽略最該檢討的盲點，可能是學生本身。

就一個真正希望把餐飲當作終生志業的學生而言，在學校時，除了技能理論知識的學習，最重要且寶貴的經驗，難道不正是實務的實習經驗嗎？

如果你是新聞科系的學生，今天有一個機會讓你去報社實習編報，如果你今天是實習醫生，有一個機會讓你真正去幫病人看病，這時候，你興奮都來不及，半夜不睡覺你都該想要去做，因為那正是讓你在書本之外，有實際操演的機會，你會抱怨「讓我少睡好幾個小時」嗎？

對於餐飲學校的學生來說，在學校的廚房裡學習是一回事，但有機會在正式的場面將你所學表現出來，如果你喜歡你所學的工作，那不正是你揮灑才幹的時候？

這些餐旅學校的學生，未來的人生規劃大多是要進入餐旅服務行業。飯店的工作是無時無刻的，突發的狀況隨時在發生，臨時接了一個宴會、臨時在餐廳打烊前來了一批客人、半夜臨時來了一個客人要登記住房，你有可能去質問客人「為什麼要請客」、「你請客有沒有要特權」、「為什麼這麼晚才找旅館」嗎？

這個學生犯了兩個錯誤：第一個你不能挑選你的客人；第二個，你不能挑剔上司給的決策。

你不在他的位置，你沒有站在他的高度分析，不知道他所承擔的任務，或是他藉此機會讓學生有個發表的舞台，你思考的應該是這件事情是否對你的學習有正面的意義。如果是，你就該爭取表現的機會，爭取你進入職場前的履歷經驗。

接受一切合理與不合理的試煉

這就是熱忱啊。而那些細微的抱怨，都悄悄的暴露了你內心底層對工作的熱情與否。

無論你是藝術家或從事服務業，也無論你是科學家或是園丁，如果沒有以熱忱的心投入其間，夢想的花朵絕不會在現實中綻開。

回到藝人九孔的故事，難道他真的願意被羞辱嗎？當然不是，而是對他們來說，**對這份工作的熱忱，超越了自己在這過程中所遭遇到的無論是體力還是心智上的勞頓。**在這些成功表演者的心中，沒有所謂「羞辱」，有的只是「考驗」與「我一定要通過考驗」。因為熱情、因為他們熱愛演藝工作，使他們接受一切合理與不合理的磨難和試煉。

是「接受」，而不是「忍受」。如果你在忍，表示你工作的熱忱還不夠大。

無論從事哪個行業，光有能力還不夠，光是夢想也沒有用。有沒有全心全意投入的熱忱，才是工作成敗最重要的關鍵。

2 是什麼讓我們不放棄？

熱忱是一種態度，對生命抱著積極的想法，無論是在順境中或逆境裡，都能持續不斷地追求目標，永不放棄。

回顧我所從事的任何一項工作，從傳達小弟到飯店總裁，要說我有哪些能力勝過別人的，我想「熱忱」應該排第一。

而且經驗告訴我，只要帶著一顆熱忱的心投入工作，都會得到最好的結果。

我記得剛升上美國運通的業務代表那一年，總公司發函交辦一項業務，要各地的分公司聯絡當地的機械工會，邀請他們去參加德國漢諾威世界機械展，當時這項工作就落到我頭上。

我對機械展並不了解，趕緊查看資料，仔細研讀後，就去拜訪機械工會。當我開口提及機械展的事，工會的人都很明白，根本不需要我多費唇舌解釋，因為他們早就參觀過類似的展覽了。

我心裡頓時輕鬆許多，覺得這樣一來，邀請他們參加應該不成問題。沒想到等我正式提出邀請，工會的人卻頻頻搖頭，總幹事告訴我，理監事們不會跑到遙遠的歐洲去看展，要去就要去日本，因為日本不但近，而且語言的溝通比較沒問題，文字也頗近似，何必搭二十個小時的飛機遠赴德國呢？

他說得沒錯，可是我並不服氣，想了幾天，心裡那「使命必達」的熱情，讓我決定再試試看。

我打電話給總幹事，請他無論如何給我個機會，讓我能在他們理監事開會的時候做十分鐘的報告。最後拗不過我的請求，他答應了我，但也直截了當地說，不可能的啦，他們不會去的。

我想這是最後的機會了，這次一定要提出可以說服他們的理由，於是我花了很大的精神，再次去搜集了日本機械展與德國機械展的資料，反覆交叉研究比較，心中終於有了譜。

鍥而不捨的精神

約定的時間到來，我早早就等在會議室門口，理監事們一開完會，我立刻就進去報告。我看理事們對參展的事意興闌珊，如果不加把勁，組團參展可能無望。於是我開口就說：「各位理事，我知道你們都是到日本去觀摩學習的，所以日本人是你們的老師了，對不對？」他們點點頭說沒錯，我接著說：「那我再請問你們，日本人的老師是誰？」他們想了一下，就說：「德國啊，日本都是去抄德國的，我們再抄他們就好了。」

我見理事們起了興趣，於是我大聲的問他們說：「親愛的朋友，當這一次我要提供的機會是向你們老師的老師去學習，你們為什麼不去呢？我說世界現在變化得很快，能夠帶你到最源頭去學第一手的技術，不是最好的機會嗎？」

他們紛紛點頭，但又說最大的問題是語言無法溝通，我說沒關係，會有人幫你們翻譯，其他關於機械方面，你們都是行家，一看就會清楚了然。後來他們提出各式各樣的問題，我都一一給了滿意的答覆，終於他們願意參加，組織成二十幾個人的訪問團。

邀約達成後，我趕緊跟總經理報告，那時的總經理是個老外，他非常開心，同時在那個時期，台灣並沒有培養專業領隊的機制，一時間要找領隊不容易，也或許是放心於我處理事情的能力，於是就決定由我帶團參加。

一個意外的商機，竟然是促成我第一次歐洲旅行的機會。

我心想任務更重了，因為除了參加機械展，整個團還會順便去其他國家的城市觀光。

我自己在這方面的經驗還不是很足夠，而那時台灣取得歐洲的資訊也不容易，所以光是簽證、機票、旅館的聯絡就忙成一團，但我沒有推託，一肩扛起所有事務，並且努力的研讀德國和歐洲的資料，希望能以最好的品質來服務客人。

等我們終於出發，到了德國機械展現場，一切都真的值得了。

不只我個人學到很多，參訪團的成員看到了當時世界工業頂尖的德國人所製造出的機械母機，讚嘆連連，直說太好、太棒了。

我記得其中有位姓林的老闆，他看中一套機器，是自動切割鋼材用的，一塊塊長條的鋼材推進機器裡，很快的切成你所需要的尺寸大小。林老闆說這樣的鋼材在台灣得一塊一塊慢慢鋸，工作效率真的是不可同日而語。他請我幫忙詢價，他說這台機械自動輸送鋼材的前半段佔很大空間，除了運費貴外，台灣人工還可以用更有經濟效益的方法解決，所以他可否不要，他只要後半段切割的那組機器。

本來德國人說不能這樣，要買就得買整組。我忙著溝通，最後德國人點頭答應，林老闆就把機器買回了台灣，並用省錢的方法自己設計了一套輸送鋼材的機台。光靠比台灣同業更快速有效與精準的切割鋼材，就為他賺了不少錢。

更重要的是，從那一年開始，台灣機械業者對於每一年德國漢諾威工作母機展再也不會缺席。

提起這段往事，我想說的是，如果當初一開始人家拒絕我，我就放棄，那麼就不會有接下來一連串的進展，現況將永遠得不到轉變；就因為我的不服輸、不放棄，我對工作有一種天生的熱忱，因而有了最好的結局。

不只是組團成功而已，最後我還獲得帶團到歐洲的機會，而且我最高興的是，小小的我也間接地為台灣的機械業找到了一個未來發展的新窗口。

3 用你的心觸動工作的心

熱忱不是光嘴巴說說、好聽的觀念而已，它最重要的實踐態度是——用心做好每件事。

什麼是用心？用自己的心去對待別人的心，用自己的心去觸動「要做好工作的心」；無論任何事情，把每個步驟、每個細節妥善規劃，用認真打拚的精神去完成它，就是用心。

一次又一次的敲門

從美國運通的總經理轉到亞都麗緻大飯店擔任旅館經理人的工作階段，對我而言是極大的挑戰。

在美國運通工作，由於它是個跨國的大公司，你想去別的國家參觀學習，當地分公司就會有人支援你，讓你毫不費力得到資源。但到了亞都，一切歸零。

就旅館業而言，當時台灣的服務觀念並不成熟，如果我們希望往世界級的水準邁進，還是得到國外去取經。只是你想要觀摩別人的旅館，他們可不一定會理你。

往往，我想拜訪旅館的經理人或是經營者，希望求取第一手的經驗，對方總是藉故拖延。我當然知道，對於來自亞洲一個小島上旅館的經理人，他們根本就不想，也沒必要見我。我不灰心，一次一次留下我的拜訪信，今天沒空等明天，明天沒空我就後天來。我一次一次敲人家的門，然後一次一次被拒絕。

我難道沒有一絲挫折？當然也會有，可是我希望把工作完成的執著心更巨大。這樣的堅持後，通常最後我都能見到想見的人。

而那些等待的時間，我就住在飯店裡，仔細的觀察他們每個餐廳的運作與服務，任何一個小動作，我都勤做筆記，將每個細節記錄下來。

就這樣，我結交了世界上最頂級飯店經營者，甚至一度在我的邀約下，無論是西班牙、英國的麗池飯店、歷史悠久的SAVOY、法國的DE CRILLON、瑞士的皇宮飯店（LE MEURICE），或是亞洲的半島、帝國、東方，美國的四季，都曾因我而專程到台灣訪問。

我也同時把國外旅館一些好的觀念與做法帶回台灣，也將亞都順利推介出去，在服務品質快速提升之下，成為台灣第一個加入世界傑出旅館系統（Leading Hotels of the World）的會員。

熱忱來自對自身工作的尊重

有部電影《料理絕配》（No Reservations），雖然是一部愛情片，但因為故事發生在紐約曼哈頓區一家高級餐廳的廚房裡，許多情節看來格外的親切。

女主角是一個有豐富經驗的主廚，超級的完美主義者。在她的廚房裡，「嚴肅」是工作的基調，她對同仁很嚴格，對自己的要求也很嚴格，從烹調方式、醬料、擺盤，任何一個小細節她都兢兢業業、一絲不苟。廚房的工作非常忙碌，忙完了一餐又要準備下一餐，每天要到深夜才能就寢的女主廚，早上四點半，就從床上跳起來趕到魚市場，因為她要親手挑選最新鮮的魚貨、最棒的食材。

不要以為電影誇張了主廚的工作，事實上，很多國外大廚都是這樣自我要求的。很多年前，我到法國交流，就曾經在早上四點多起床，跟著巴黎米其林餐廳的主廚一起到中央市場採買。天還沒亮，這個法國最出名的中央市場裡，你看到巴黎所有頂級餐廳的名廚們幾乎全部到齊，深怕晚了一步，錯過了第一等的食材，只能選擇次級品。

巴黎的中央市場很大，以台北的世貿展覽館大小來比喻，中央市場一個館區就賣一樣東西；起司館全部都賣起司，藍紋乳酪白黴乳酪洗浸乳酪山羊乳酪，再分產地、做法，各式各樣，琳琅滿目；肉類館全部都是肉類，單單要選一樣龍蝦，種類都有幾十種，從北歐、北美、到非洲的。如果不是經驗老到的主廚們，還真的不知道該從何下手。

在市場裡，我看到這些身價不菲的名廚們一個個彎下腰用心的挑選食材，不由得打心裡佩服。

在米其林三星榮耀的背後，他們的付出遠超過我們的想像。

在那麼長時間的工作之下，是什麼讓他們樂此不疲的親自跑去市場挑選食材？我想完完全全就是對自身工作的尊重與熱忱。

他們喜歡這個工作，熱愛這個工作，甚至不惜代價的接受體力與精神上的折磨，每次的挫折都當作是向上攀升的樓梯，這樣不斷的努力，才能達到現在這樣的境界。

用心去對待工作，用心去交每個朋友，用心去做每件事，這就是熱忱最佳的實踐。

第六章 自療

當你陷入困境，如何解救自己？

首先你要有正面思考的作為、積極的態度、樂觀自信的能量。

第二是你必須體悟在你生命中沒有永恆的快樂，
也沒有永恆的痛苦。

第三是你得找到方法來管理自己的情緒。

1 正面思考

許多剛踏入社會、進到職場的年輕朋友一開始都是滿懷雄心壯志，覺得終於有機會大展長才，實踐自身滿滿的抱負；可是往往工作並不如自己預期的那樣順遂，抱怨便接著而來。

一下子認為主管故意刁難，一下子又覺得遭受同事排擠，不然就怪罪公司的環境綁手綁腳，令他無法發揮，於是工作越做越無趣，最後的結果不是選擇離開，就是和稀泥的只為求保住飯碗繼續混下去。

當初滿懷的雄心壯志不見了，變成了滿腔的憤恨。

無論是離開或是繼續混下去都不是面對工作困境最好的做法。有些人工作一個換過一個，同期的同事已經在穩定中得到晉升與發展的機會，他卻仍在尋找一份「適合」的工作。

如果某個工作真的無法讓自己有所發揮，選擇離開或許是對的；但如果只是工作中小小的挫折，卻因你自己無法排解，而否定了這個工作，那麼要檢討的可能是你自己本身的想法。

為什麼有的人能在失敗中越挫越勇，而有的人卻是「一蹶」不振呢？明明兩個人的資質、才幹、努力都不相上下，然而工作幾年以後，一個人繼續朝目標挺進，另一個卻已經「下崗」在家。**這不全是際遇的問題，最主要的關鍵是當遭遇挫折時，是否具有自療的能力，讓自己走出困境，擺脫低潮。**

面對→處理→接受→放下

自療能力即是自我療傷、止痛復原的能力，而正面思考是自療能力的首要。受人尊敬的聖嚴法師曾經講過一句非常具有智慧的話，他告訴我們當碰到問題的時候，要「**面對它，處理它，接受它，放下它**」，這即是一種積極正面思考的態度。

遇到困境，第一就是「面對」。不要逃避問題，當你這次逃避了，下次你也會不敢面對，這樣就永遠不會有扭轉困境的機會。

要知道人生的過程，不會總是順著你的意願發展下去，人生不如意事十之八九，就是說百分之八九十的時間，你可能都是處在不如意的「逆境」中。如果你不選擇坦然地去面對，然後讓自己有機會去「處理」，你怎麼會得到經驗呢？即使是個失敗的經驗，都比沒有嘗試過來得好。

「接受」這個挫敗的教訓，因為失敗的經驗才是一個人收穫最多的機會。

當你已經盡力的去處理問題，無論最後結果是好是壞，記得要把它「放下」。放下了，就有全新的機會，就有重生的可能。

不要恐懼你的恐懼

其實不光是工作會遇到問題和挫折，一個人結束學生時代進到社會以後，即是生命另一個重要發展的階段，許多人生的際遇就此展開，而面對的問題也更加的複雜。你可能得同時處理你的工作、愛情、家庭、同事之間的種種「疑難雜症」，而且你不再像學生時代，陷入低潮時身旁能有同學或老師引導你走出來；這時自療能力就可以讓你有獨自面對困境的勇氣。

當然有些話說起來容易，要做到還真的有點困難，不要說是社會新鮮人，有時連我自己都會被難題所困。

大家都知道我喜歡聽古典樂，每當面臨問題時，我常常會讓自己安靜下來聽一段樂曲，讓多餘的壓力和情緒隨著音樂流出，頭腦便清楚起來。接著我會開始用最簡單的方法，就是把問題條列式的一一寫下來，然後再寫上處理的方法。最後全盤分析，哪個問題是最重要的，哪個問題是最急迫的，循序地去解決它。

我的經驗是，千萬不要妄想一個答案就能把所有的問題解決，那是不切實際的想法，而且常常會讓問題陷入更大的混亂，更難以處理。

能有條理的把問題寫下，往往問題已經解決一半，因為在你整理的過程中，也同時是分析的過程，你會發現有許多的小問題根本就不構成問題。

而且當你一件一件寫下來，你便可以冷靜地看待，思慮上也比較清晰，通常答案自然就會形成了。

心理學有個說法，恐懼往往是事情還未發生時，人們在心中想像出來的，它大過於事情真正發生時所帶來的恐懼。

這句話也適用在許多的問題上，有時真正的問題並不如想像中那樣大。往往人們會被問題困住，不是因為問題大到無法解決，而是因為害怕解決、害怕面對的心態讓問題一發不可收拾，使得原本小小問題，不斷的累積擴大，變成無解的局面。

千萬不要有逃避的心態，而是要選擇正面思考的態度來面對問題，同時深入冷靜的分析問題，最後就是做出解決的決定。一旦做了決定就必須全力以赴，不再將問題變成自己的困擾，如此你才可能擁有最有效的自療能力。

2 上師的三道咒語

當人們碰到挫折，陷入低潮時，我們常會勸他，放鬆心情，不要鑽牛角尖，目的是希望他能趕快脫離難關。這樣的勸說具有安慰與支持的力量；但這種安慰只是一時的。

要走出困境，除非當事人能有自覺的反省，否則任憑如來佛現身說法，他仍是不為所動。

這無需去責怪，因為每個人都曾經有過那種絕望的時刻。考試成績不好被留級，覺得天就要塌下來了；與情人分手，覺得痛苦到再也不能多活一天；被公司炒魷魚，覺得前途黯淡，天要絕人之路；甚至只是某個支持的候選人落選了，瞬間公義不存世界黑暗……各式各樣的痛苦遭遇，難免令人悲傷失志。

還有許多人生的問題本來就是無解的，例如親人的死亡、疾病的纏身，這些「生老病死」並不是要你去解決它，而是要你去承擔，這是人生的一部分，這是生命的正常現象，是佛家講的無常。

無論是可預料或無法控制的人生無常，有時人們心裡毫無準備，不知如何應對，因此遭受痛苦。然而無常就該以無常心面對，心境才能獲得穩定。

年輕朋友可能會覺得這樣的說法好玄，難以領會，我們來看看別人是怎麼說的。

上師的考驗

韓國作家柳時和在《窮人的幸福》（二魚出版，陳香華譯）書中描述他的一段經歷：他在印度各地尋訪上師求道，終於在積雪萬年的喜馬拉雅山麓遇到一位瑜伽修行者悉達巴巴哈，看起來就像是雕刻在岩壁上的佛像，一動也不動的靜坐修行，讓人感受到一股靈性的神祕力量。作者於是拜倒在悉達巴巴哈尊前：

「聖師，請你讓我成為你的弟子吧，引導我從痛苦的人生中解脫，到達彼岸吧。」經過不斷的請求，悉達巴巴哈終於勉為其難應允了。

原本作者心想，應該可以從上師那裡獲得許多的開示與教導，沒想到自從他成為這位上師的門徒後，上師再也不打坐，不修行，完全變了樣，不但對他惡言惡語，還一味地叫他做些瑣碎的事，完全無關修行。

作者起先仍很有耐心的依照上師的吩咐，提水、撿柴、鋤地，並依循印度的傳統，打算在悉達巴巴哈修行的洞窟前搭蓋小屋陪伴，盡一個弟子應有的本分。當他好不容易用石頭和木頭快蓋好了小屋，沒想到悉達巴巴哈便支使他去幹活，然後趁機推倒小屋。這樣一次又一次，作者在只差一點的情況下就蓋好了小屋，悉達巴巴哈卻使詐將它摧毀。他雖然氣憤，但仍強忍著心頭不滿的情緒。

終於有一次他又蓋好了小屋，悉達巴巴哈來找他，說要傳授他三道咒語。作者很興奮，覺得自己終於通過上師的考驗，辛苦總算沒白費。於是他跟著上師到了一處平坦的岩壁，上師說：「你先在這裡閉著眼睛冥想，等半小時後你的身體與心沉靜下來，我再教你咒語。」說完，就離開了。

作者不疑有他，專心的靜坐，直到一小時過後，卻仍不見上師到來，於是忍不住跑回洞窟，一看，這次小屋不但被推倒，還被放火燒了，燒焦的木頭還冒著煙。他再也忍不住，也不管什麼解脫不解脫了，他覺得上師根本是虛有其表，留下來只是浪費時間。

隔天一早，他趁悉達巴巴哈離開洞窟，便把裝水的陶壺毀壞以洩心頭的鬱悶不滿，然後一溜煙逃開了。他快步地走下山，來到村莊的車站，剛好一輛載客巴士正發動著，他趕緊跳上了車。就在巴士要出發之際，悉達巴巴哈竟追上來了。

作者心想，悉達巴巴哈一定是因為陶壺來找他吵架的，沒想到悉達巴巴哈卻從打開的車窗對他說：「我是專程為了傳授你三道咒語而來的，你若能記住這三道咒語，就不需要到處再去尋找上師。最完美的上師是來自於你內心的覺悟。」

悉達巴巴哈把手伸進車窗貼在他的額頭上，開始傳授三道咒語。

「第一道咒語，做個正直的人。即使要跟世界上所有的人妥協，也不要對自己妥協，這樣就沒有人可以支配你。」

「第二道咒語，記住所有的高興或悲傷，都將在來臨之後不久消失。切記，沒有永遠不變的事物。這樣任何事情發生時，心中的寧靜就永遠不會消失。

「第三道咒語，當別人有求於你時，不要當成是在幫助神，要以神不存在的心胸去幫助別人。」

看完這個故事，我特別想提出來分享的意念是第二道咒語：「記住所有的高興或悲傷，都將在來臨之後不久消失。切記，沒有永遠不變的事物。這樣任何事情發生時，心中的寧靜就永遠不會消失。」

或許這樣敘述生命有點悲觀，但我的經驗是，你必須去承認人生有些事實是你無法控制的，你不能因為這樣而去否認它，否則也是一種逃避。

不承認死亡，不承認會生病，不承認會失婚、失業，不承認失敗，這種「鐵齒」有時反而害了自己。

「切記，沒有永遠不變的事物。」當你能領悟這個意念，就能獲得內心的寧靜，任何的挫折與難關都無法困住你。

3 縮短情緒的公里數

自療在某方面來說其實就是情緒管理，把壞的情緒趕走，把好的情緒留住。人的情緒變化是很難捉摸的，就像是個長不大的小孩，你給他糖果他就笑，你搶了他的玩具他就哭。小孩子如此不受控制的情緒，在我們的眼裡會覺得他天真可愛，具有真性情，但相同的情緒如果是在工作場合發生，不但不可愛，而且會給自己和別人帶來麻煩。

許多人在工作時總是被情緒牽著鼻子走。情緒好的時候工作效率佳，情緒不好時工作軟弱無力，這不應該變成常態，而是要管控好自己的情緒，不要讓它左右你的思考，影響你對工作的判斷。

一公里的憤怒

遇到讓人「惱火」的事，其實正是考驗你是否具備工作所需的專業態度。

常常我們以為工作上的專業大概就是對技術和能力的要求，殊不知在團隊工作中，人跟人之間的運作協調是否順暢往往是事情成敗的關鍵。

如果你不能管理你的情緒，無法融入團體組織的運作，那麼即使你的技術能力再好，你依然不能稱得上具備工作的專業水平。

我個人處理壞情緒的第一個步驟，就是「跳脫自我」到更高的情境來看待自己的作為。

當你能以局外人客觀的身分審視自己，而不是陷在情緒漩渦裡打轉，往往就能找到產生壞情緒的源頭，然後試著去分解、舒緩它。管理情緒就跟治水一樣，要用疏通的方法，圍堵、壓抑只會讓情緒累積更大的能量，一旦爆發，就很難收拾。

有個傳說，愛斯基摩人在遇到心中忿忿不平的時候，他們解決的方法，就是在冰天雪地裡沿著一直線走，一直走一直走，走到自己的情緒逐漸緩和下來，然後停下腳步，回頭望向起點，丈量這個憤怒的壞情緒有多長。

這是多麼可愛、多麼好的一種轉移情境，也是脫離壞情緒的方法，而且當你能客觀地用記錄的方法來審視自己的情緒，你便有一個指標可以自律；這次是一公里長的憤怒，下次就努力的變成五百公尺；這一次的壞情緒持續三小時，下一次就減少為三十分鐘。

如果你真的無法在當下擺脫壞情緒的困擾，我建議的第二個步驟是「冷處理」。先承認自己的確處在情緒的風暴中，然後暫時不理它。

壞情緒很壞，你越是急著想要化解、想說清楚，它就利用你的急躁產生更大的能量，讓你更情緒化。尤其如果情緒的來源是因為人與人之間的摩擦（同事之間、夫妻之間、朋友之間），更要讓自己及時抽離出來，因為即使你有能力和緩自己的情緒風暴，對方也有能力再一次用他的壞情緒把你捲進去。

冷處理不是逃避不處理，而是拉長時間點去處理。你可以給自己設定時間點，明天、後天或者三天以後再去解決引發情緒的衝突事件；壞情緒怕的就是你的冷靜，一旦你能冷靜心情熬過最初的「火氣」，情緒風暴就無法擴大，在往後的處理上也就容易許多。

但切記不可就此不管，養成不處理的態度，那不但沒有幫助，有時反而會造成你心理上永遠的障礙，變成沉重的負擔。

自己最大的敵人

情緒管理總是說得容易，實踐困難，許多人也都看過、聽過各種EQ的分析管理，但果真遇到問題，壓力一來，理智往往被拋到腦後，情緒還是佔了上風，完全變了個人似的，連自己都不認同自己的作為。

每個人可以試著去分析了解，找出自己適用且有效的方法，畢竟別人只能在一旁引導你，只有你才能面對面解決那個最大的敵人——你自己的情緒。

自療是當你遇到挫折、陷入困境時，自己解救自己的法門；無論是面對工作或是面對人生，你必須學會這項功課。

首先你要有正面思考的作為，這個積極的態度會引導你產生樂觀、自信的能量，讓你有勇氣迎接各式各樣的挑戰。

第二是你必須要有一個體悟，在你的生命中沒有永恆的快樂，也沒有永恆的痛苦。所以無論你面對多麼巨大的苦難，要知道它都是會過去的。

第三是你得找到方法來管理自己的情緒。不要讓情緒左右你的思考與判斷，如此你的能力才能真正發揮最大的效用。

學習愛斯基摩人吧，我們都不可能成為一個沒有情緒的人，但是我們可以學習：一次一次，縮短你負面情緒的公里數。

第七章
尋找讓自己安心的工具

為什麼物質上什麼都不缺的台灣，
仍讓人覺得有一種不安定感？
除了政治局勢的多變以外，
為什麼財富再多，權力再大，
人們還是得不到滿足？
那是因為心靈缺乏滋養，精神因而空虛所導致的。

1 心靈的充實讓你也可以很富有

如果仔細的分析台灣社會成長的過程，我們會發現台灣發展的第一階段是所謂的強權統治時代，這個時代誰有權勢誰就分配資源，誰有權勢，人也向他傾倒。接下來台灣經濟開始好轉，社會產生了一群新的權勢結構，於是誰有財力誰就分配資源。

但是一個社會從貧窮到富有，從權力掛帥到財力掛帥，到底只是少數人可以擁有的條件，而絕大部分的人在社會上是既沒有權力，也沒有財力，所以到最後這個社會並不一定會是安定祥和的。

想想看，台灣從經濟起飛開始，歷經幾波改革，在政治民主和社會民生方面都有顯著的提升，一路走來到今天，我們可以說，在物質上，台灣幾乎什麼都不缺了。

然而物質上什麼都不缺的台灣，為什麼仍讓人覺得有一種不安定感，除了政治局勢的多變以外，是否還有其他的原因？

我們是不是太注重經濟的發展，而犧牲自然環境？
我們是不是激情於政治現象，而忽略文化水平的提升？
我們是不是過度著重外在的享有，而缺少耕耘心靈的滿足？

在以前的書上我也陳述過，我最大的擔心，就是台灣陷入了金錢與權力的迷思。人們只追求錢與權這樣的目標，疏忽了人生其他重要的價值。

事實上，我們冷靜的觀察這個社會，甚至會看到，在金字塔結構最頂端，那些已經非常有錢的人，和已經非常有權的人，他們還覺得不滿足。他們不擇手段的、不顧一切的，貪婪的還想要囊括更多的權力與財富。

那時我經常在演講中引用一句大陸北方人嘲諷暴發戶的話，就是「窮到只剩下錢而已」，這當然是非常酸的話，卻也充分顯示了社會上某種程度對金錢萬能看法的一種不滿。

這樣的台灣快樂嗎？這樣的社會祥和嗎？

為什麼財富再多，權力再大，人們還是得不到滿足？我想那是因為心靈缺乏滋養，精神因而空虛所導致的。

因此我認為一個社會除了「錢」與「權」之外，還需要兩個平衡的機制才能讓這個社群產生安定感，其中之一就是宗教的力量，另一個則是人文素養和品格教育的提升。

宗教力量是一隻無形的手

九二一大地震時，有許多來自民間宗教團體的義工，走到比軍隊更前線的地方，不顧自己的安危，全力付出來幫助災民。

這些義工為什麼能擁有並展現如此龐大的力量？我想是因為宗教所提倡的慈悲和博愛的精神，讓他們有能力可以發揮廣大的愛心，做人家平常做不到的事情，走到最偏遠的地方去做最艱苦的救助。

我個人對宗教家是非常尊敬的。如果讓我來分析宗教，當然有點班門弄斧，不過我認為宗教的歷程可以分為三個階段。

信奉宗教的第一個階段，是「祈福平安、仰賴神威」的階段。當自己或摯愛的家人、朋友生病了、遭厄運了，抑或希望誰升官、誰發財、誰金榜題名，於是尋求倚靠宗教，藉著它的力量，祈求保佑生命的平安、前途的光明。這一階段的信仰，帶著迷信的成分，也帶著對神的敬畏。此時宗教可以約束社群的倫理道德，或者藉著宗教的神力解決安撫那些人無法解決的問題。

第二個階段是「要大家放下，學習心靈沉澱，學習人的生命中應該有的態度」。再套用聖嚴法師一句名言：「人生命中，想要的太多，需要的不多。」也如同證嚴上人說，當你碰到任何的挑戰或處在任何的境遇，你要「歡喜做，甘願受」，同時讓你要「捨得」。

宗教家講的許許多多的啟示，就是讓你開始要學習放下你的罣礙，不困於環境的各種變化，最終能找回自己。於是有的人走禪修，讓心情不再受外在壓力的影響，因為不管你是有權的人或是有錢的人，都會碰到人無法控制的災難、無法控制的變故，或者是親人突然之間的生病，或者自己的意外，什麼事情都可能發生。那麼在這個時候，當你開始學習放下，面對這樣的壓力來臨時，就可以不受無明的憂勞，使你能以沉穩的心去對待。

我曾經聽過慈濟的信眾轉述一個證嚴上人的故事，讓我感動不已。一對曾全力護持慈濟的夫婦，妻子意外的得到了絕症，做丈夫的在錯愕悲傷之餘，他始終無法理解：一心護佛的他們怎麼會得到這樣的「下場」？這樣公平嗎？誰能給他們一個答案？

這件事情很快的傳到了上人耳裡，於是在他們最絕望的階段，上人到了病人的病榻前，她只是輕輕的對病人說：「人生難得，快去快回。」啊，人生難得，快去就快回，這麼簡單的兩句話，那積累在心中吐不出的埋怨，突然全部都消解了，心結被打開了，病人也放下了所有的痛苦，這真是只有宗教家才具有的解惑釋懷的能力啊！

而我認為宗教的第三個階段應該是「積極的去影響別人，改變別人，關心別人」。

一個人修行，針對的是自己，在乎的還是個人是否可以安身立命，跳脫輪迴，可以上天堂得永生。但進入了第三階段，宗教的力量，讓人打開更大的胸懷，佈施、行善、救苦，他會關心並在乎這個社會是不是需要付出更多的愛心與協助，而這也才是信仰宗教更積極的目的。

這或許是我個人很膚淺的詮釋，但我認為在這個目標下，宗教扮演的角色就很重要，不僅要承擔個別心靈教育的工作，還應有更大的入世精神，用實際的作為救苦救難，發揮安定個人與社群的力量。

無論你有沒有信仰，當你能夠學習、心懷宗教的情操，你會發現這個社會永遠有比你弱勢的人，如果你能幫助他們，他們也會因為這樣而去關懷比他們更弱勢的人，於是整個社會因此產生正面循環的力量，彼此尊重、彼此關懷，也因而才能達成彼此的安心。

2 不可輕忽人文素養與品格教育

接下來我想分享另一個能讓社會安定並且使個人安心的力量，那就是人文素養及品格教育。

相對於宗教教化人心、使人向上提升而言，台灣的人文素養與品格教育可能是失敗的，而且政治人物往往就是對它們最大的破壞者。

我們經常會看到，當一個已經在社會地位或學歷上獲取最高成就的政治人物，居然在品格表現上是如此低落的時候，的確反映出，我們的學校教育過度強調「技」的傳授及學識考核，完全未能在人文素養與品格教育上做出相對應有的教養。

人文素養、品格教育影響人們的心靈活動和外在具體形貌的呈現，它們是一體的兩面。受過充分人文素養薰陶的人，自然就能展現出良好的品格；而陶冶人的品性，如果少了人文素養一環，恐怕也會失之僵化，失去人多面貌而有趣的天性。

仍然必須再次強調的是，台灣不怕窮，只要民生生計可以維持一定的水平，窮並不影響台灣未來的發展。我最怕的是，台灣的社會缺少人文素養，台灣對自然環境缺少環保意識，而生長在這塊土地上的國民缺少品格教育。

這些因素的欠缺與否，不只影響個人能否安身立命，也是台灣未來前途最具關鍵的指標。

我舉兩個例子說明人文素養和品格教育，所帶給人們心靈重要的影響。

Taiwan Connection

許多年前，小提琴家胡乃元回台舉辦演奏會，我們談及音樂的話題，我說每次一些國外的大師好不容易邀請到台灣來，總是匆匆忙忙，演出結束後就急著離開，這真是一件非常可惜的事。

乃元點點頭，也頗有感觸。接著我說，其實像你們這些源自於台灣的世界級音樂大師，回到台灣，不只是要一直站在舞台上，還應該走向觀眾，走到台下和大家互動交流。因為你們懂得這裡的語言，知道觀眾們的背景。如果能夠這樣做，相信大家的感受一定會更加深刻。乃元聽我這樣說，很認同。他告訴我，除了做好音樂家的本分在台上表演，他其實也很想走出來，跟大家在一起。

沒想到這天簡單的對話，竟為Taiwan Connection開啟了第一步。

我們幾個人開始策劃這個活動，乃元擔任音樂總監，負責邀請國內外的音樂家演出事宜，我則是擔任音樂節的志工，在一旁敲鑼打鼓，壯大聲勢，並邀集企業界一起參與。中華航空從董事長、總經理到公關部門一致認同這個為台灣人文素養扎根的工作，加上台灣大哥大、光寶基金會、中華開發、富邦基金會、中油、新舞台、裕隆日產汽車……等，一個個像接力賽似的出錢出力，傾力相助。

我們的想法一致。受邀的音樂家除了在音樂廳的演出以外，最重要的是要「下鄉」，與年輕學子及各階層接觸交流，讓大師級的音樂有機會在台灣各地的學校、社團、甚至偏遠地方演奏與傳唱。音樂家在此時放下身段，以深入淺出的方式與觀眾互動，從音樂的歷史或是作曲家的故事，引發一般民眾對古典樂的興趣，讓音樂能真正在地的扎根下來，成為人民生活素養的一部分。

目前Taiwan Connection已經進入第四年了。在過去這段時日，音樂節的演出遍及台東、花蓮、宜蘭、屏東、台北、台中、新竹、台南、高雄、桃園……，全台灣我們幾乎都跑過了一遍。每年從不同國家受邀來台以及國內傑出的音樂家加起來也接近百位，演出的場次和曲目更是不斷翻新，一年比一年精采。

最重要的是，我們感受到社會一般大眾對於音樂的渴望，那種大家可以一起坐下來共同聆聽、共同對話的場景，讓彼此的心靈更加的接近，更加的了解。

我至今還記得一個畫面，那是二〇〇五年十二月，在台東原住民文化廣場冬日的晴空下，當地的民眾或者聆聽小提琴弓揚起的樂音，或者隨著樂曲的音韻唱和、身體輕輕地搖晃律動。他們陶陶然的笑容，沉醉在一種平靜和美的氣氛中，令人感動。

不只一般民眾感受到音樂所帶來的樂趣，就連表演的音樂家們也感到無比的喜悅。

二〇〇七年，Taiwan Connection成立了自己的樂團（一個平日完全不支薪的義務編組），受邀來台的音樂家Robert Levin也加入演出。Robert Levin除了是當今最傑出的鋼琴演奏家之一、哈佛教授，也是聞名世界的音樂理論權威和莫札特研究學者，同時他亦是我們台灣傑出鋼琴家莊雅斐的夫婿。

在演出後，我們有機會聊天，他說他沒想到這次表演居然這麼完美，完全超乎了想像，以一個新樂團而言，真是太神奇了。他告訴我，他看過無數世界頂級樂團的表演，只要眼神一瞥、耳朵一聽，馬上就知道這個樂團當天是不是在「做工」。

這句話別有深意，事實上，只是「領薪水」的表演，將完全失去對音樂的樂趣與喜悅。而這次新樂團卻讓他感受到大家在演出時彼此交融所營造的張力與感動，這種快樂即使沒有薪水、沒有觀眾，音樂家也會很心甘情願的加入啊。

Taiwan Connection或許無法觸動到每一個人的心，但是盼望由這麼許多海內外傑出的音樂家所示範的行為本身，成為對所有音樂、文化藝術的同路人一種最佳的鼓舞範例。

胡德夫撼動靈魂的聲音

二〇〇五年四月，許多人聽著他在台上的歌聲，心中流下了眼淚。這個在舞台上自彈自唱，歌聲能夠震動人類靈魂的歌者到了五十多歲才出第一張CD專輯。很多年輕人或許不認識他，但只要聽他唱過一次，便會臣服於他那渾厚滄涼的嗓音。

他是胡德夫。私底下老朋友都叫他Kimbo。

認識Kimbo，已經是三十多年前的往事。一九七二年，那時候我才到美國運通第二年，還沒當上主管，而Kimbo則在林森北路上的一家餐廳彈奏鋼琴。起先是因為介紹國際人士在台北的休閒生活，而驚豔似的發覺了這位讓國際人士都讚不絕口的歌手。

後來即使不陪外賓，有時習慣性的也會在加班結束後，拐過去餐廳，去聽他唱歌，聽完才回家睡覺。

不久大家互相聊天，我們的友誼就從那時候持續到今天，未曾改變。

隨著對社會的更深入參與，重新讓胡德夫檢視他與原住民血源的關係，尤其海山煤礦事件帶給他很大的刺激。他拋下歌唱事業，決定從事原住民權益運動，因為他發覺原住民朋友在城市社會裡大都從事一些付出勞力且較為危險的工作，沒有人為他們說話，沒有人為他們爭取權益。不久，他創立「台灣原住民權益促進會」，身任第一屆的會長，後來的原住民運動都受到他的啟蒙與影響。

他消失在歌唱的舞台，我不再去餐廳。聽到他的消息，大多與黨外運動及選舉有關。

然而我心中十分悵然不解：Kimbo為什麼不唱歌了呢？什麼事重要到要他拋棄他最愛的音樂？

在受盡了挫折、失望、焦慮之後，再回到舞台的胡德夫已是滿頭華髮，年過中年。當時的亞都成了胡德夫重回台北與朋友再接觸的第一站，而那時我領導的觀光協會到世界各地的推廣演出，也成了他的第一個國際舞台。

在許多朋友的支持下終於開始規劃第一張個人音樂專輯，足足遲到了三十年，專輯《匆匆》才正式問世。二〇〇五年四月CD要發表的那天，我應邀參加記者會，去到現場，一個五十多歲被年輕一代疏忽的老歌手，他的歌聲穿過時空，打破藩籬。

當晚的音樂會，你很難想像的場面，所有人都來了。陳菊、陳文茜、李永萍、林濁水、王拓、邱義仁、范巽綠，不分藍綠的政治人物都一起來了。陳映真、龍應台、林文義、高金素梅、李泰祥、王健壯、蔡康永、翁嘉銘，藝文界也一起來了。是的，所有人都來了，並且那天晚上大多數的人都感動得掉下眼淚。

後來龍應台代表講話。她說這是一個好奇怪的聚會，以前是敵人的人現在變成朋友，以前是朋友的人現在變成敵人，今天居然為了同一個目的，都來到了。

這裡是什麼有這麼大的影響力？把分裂的合起來，把對立的放下來。

是胡德夫的音樂，是人文的感動，使原本痛苦焦慮的人心，也可以因為音樂而喚回許多早已離失的熱情和友誼，即使只是剎那，那也值得了。

Taiwan Connection和胡德夫的歌聲讓我們再次體會到音樂無遠弗屆的力量，因此我不斷地強調人文素養、品格教育是目前台灣社會要持續向上成長很重要的一環。

人文素養、品格教育需要長時間的潛移默化，不是一蹴可幾。有一天，當你能領會它的價值，你會發現它是更持久、更有力量，讓你心情安定充實的工具。而且它影響深遠且廣泛，能滋潤越來越空虛的台灣社會群體的心靈，這份力量是可以扎根到下一代的。

3 公民新教養

對文化的敬畏之心

許多人到德國旅遊，行程中少不了安排位在羅曼蒂克大道上、有著「中古世紀寶石城市」之稱的羅騰堡（Rothenburg）。這個美麗的、保存了許多中古世紀城堡建築的城市，當地流傳著這麼一個動人的故事。

二次世界大戰末期，一路處於劣勢的盟軍在諾曼地登陸，雙方激戰兩個月，突破了德國防線，優勢進攻。盟軍之一的美軍，其中一個部隊一路攻到了羅騰堡，坦克、大砲、軍隊都已集結完畢，兵臨城下，只待一聲令下就準備要攻城了。

那時候羅騰堡內大概有六千個居民住在城裡，德軍副指揮官坐鎮防守，他剛好是羅騰堡人，肩負著保衛家園的任務。可是雙方戰力懸殊，如果搏命一戰，只怕城毀人亡。但是戰爭是殘忍的。

在攻城之前，城外的美軍指揮官突然想起年少時，母親在家中掛了一幅畫，畫中正是羅騰堡，母親曾對他講述這個古老城堡的歷史與故事。

那一瞬間，他猶豫了，打是不打？用武力強攻，他們很快會獲得勝利，但是強大的火力會讓這個美好的古堡毀在他的手裡，他豈能做文化的罪人？於是他決定讓手下停止戰火，他要求與對方談判。談判的對象就是城內防守的德軍副指揮官。

兩個人坐下來，美軍指揮官告訴對方：雙方實力懸殊、勝負已定。如果攻城，只是讓這個古城毀於一旦，戰爭是一時的，但是歷史的保存卻是永遠的。他希望德軍可以撤退，由美軍開出一條路來，讓他們安全撤退，不動一槍一彈，保留這個美好的古都。

德軍的副指揮官難道沒有掙扎嗎？這是投降啊。但是站在這個偉大的城堡之前，站在他自己的家鄉之前，他該如何選擇？一個敗軍之將？抑或摧毀古城之手？

我們不知道兩位指揮官當時經過如何的天人交戰，但畢竟他們的一念之仁、他們對文化的敬畏之心，讓城堡被保留下來了。

在六十年後的今天，我們才能繼續站在這偉大的歷史古蹟之前。

對環境的珍惜之情

前些日子因為蘇花高的問題，我寫了許多文章討論。有些人贊同我的意見，也有些人對我表示抗議。

我原本就不是一個喜歡撈過界的人，只是從觀光和環境文化的角度來呈顯自然資源帶給人們的重要價值，並且告訴大家，這也是台灣未來發展必須要審慎評估的一環。

然而當我更深入地去接觸了解這個問題的「結構」，我確實看到了警訊，我發現台灣社會的心靈普遍存在著一種「急」，急於開發，急於建設，急於取得，急於看見成效。不只台灣，全世界許多地方，例如中國大陸、杜拜等等都是如此。這種「急」使得人們在面對大自然時，經常會表現出很粗糙的態度，不夠細心，不夠珍惜。

「急」欲經由開發建設來取得經濟成就的時代已經過去了。因為人類消耗自然資源的速度越來越快，亞馬遜雨林逐漸消失，石油在本世紀也將開採殆盡。

當人們尋思如何找到替代資源的同時，珍惜自然已經是人類本身新的公民教養與操守準則，每一個人都必須去學習與認知。

雖然這幾年台灣在自然環境保護的觀念上進步不少，但在行動上仍然不夠積極，每次環保議題總是抵擋不住經濟開發的大潮流，經濟建設永遠擺在第一位，犧牲的永遠是大自然的環境。

所以在這個章節最後，我想提及的就是公民的新教養——環保意識。

環保這個概念看似與個人心靈沒有多大的關係，然而事實上並不是如此。我們只有一個**自己**，就像我們只有一個**地球**。不愛護珍惜這個唯一的地球，我們就會失去自己，也會失去心靈美好寄託的所在。

有一次我看見一個計程車司機，把車停在河濱公園，打開後行李廂，清理出許多廢棄物，然後直接就往河裡丟。我嘆了一聲，心想這司機也太沒水準了，竟如此便宜行事，完全沒有環保概念。這聲嘆息還沒結束，更驚駭的是，緊接著開來了一輛凱迪拉克，照樣把窗戶搖下來，垃圾隨手就扔。

這種類似的行為怎麼不教人生氣？這不是最基本的公民道德與教養嗎？但在台灣，不分貧富隨處可見，每一條河都偷偷地被倒入未經處理的污水，每個山坳中不時有人會傾倒廢土與大型廢棄物，且堆得滿坑滿谷。

這真的很讓人痛心！我們必須要深刻的反省，並且以實際的行動保護我們自己的家園。

不久前有一則報導，介紹的是北歐國家對於環保與能源發展的省思。報導中提及，丹麥在一九七〇年代歷經慘痛的石油危機，那時丹麥國內的能源完全仰賴進口，於是當原油短缺、油價高漲，丹麥人不得不被迫向德國舉債來購買石油以度過難關。

到了一九八〇年代，北海石油大量的探勘開採，丹麥是受惠國之一，照理他們不必再擔心能源的問題，因為本身已經擁有石油。然而丹麥人不以這樣的角度看問題，他們反而更加謹慎的使用能源。

報導中提到一個數據，石油危機過後三十年的今天，丹麥國民收入總額上升百分之五十，但國內的石油消耗量卻下降了百分之五十。

這真的是非常了不起的成就，也提供我們一個很好的省思，因為台灣同樣缺乏自主能源。

如果同樣的危機再來一次，台灣已經做好因應措施了嗎？我們的因應措施只是買更多的石油儲存起來，以備不時之需嗎？還是我們願意學習丹麥，不僅尋找替代石油能源的各種方法，還要去教育大眾謹慎的使用能源。

謹慎的使用能源，就是對大自然的珍惜，因為自然資源一經消耗，就永遠沒有了。

隨著台灣的日漸進步，政治人物對於今後土地的開發、環境的破壞都必須以戒慎恐懼的心，妥善小心的規劃。

我們是否應該換個角度，以珍惜自然資源的胸懷，尋找可以永續經營的道路？那樣我們的發展才能更長久，我們的下一代也才能繼續在這塊土地安心的生存。

宗教陶冶、人文素養、品格教育以及環保意識是一種實踐的力量，它是關懷弱勢的，它是尊重少數的，它是關心環境土地的，它是愛好文化藝術的。它們也是這個社會最重要的四個支柱，在追求卓越的同時，必須將根基扎穩在這些支柱之上。

我一直覺得藝術家是台灣很重要的生命，他們才是真正能改變社會的另外一種力量，所以我很尊敬藝術家。無論是周夢蝶、余光中、蔣勳、林懷民，或是胡乃元、李泰祥、胡德夫及許許多多我無法一一舉名的藝術家……，我心中期待藉由這樣的提醒，大家有機會能試著去感受藝術帶給人們的心靈力量。

不必去要求自己一定是藝術大師，能夠站上世界的舞台表演。我只希望大家能經由藝術而感動，在生命中得到一些安慰，得到一些心靈的沉澱。當你懂得欣賞藝術，有一天空虛無聊的時候，有一天心情鬱悶的時候，藝術會成為你最重要的生命伴侶。

各位朋友，在我們的生命中，為什麼一定要扮演追逐名利的角色？我們其實可以從人文、宗教、藝術等等方面下功夫，在精神領域上與心靈層面上去開發自己，去影響社會。如此我們的生命才會更加的豐富與滿足。

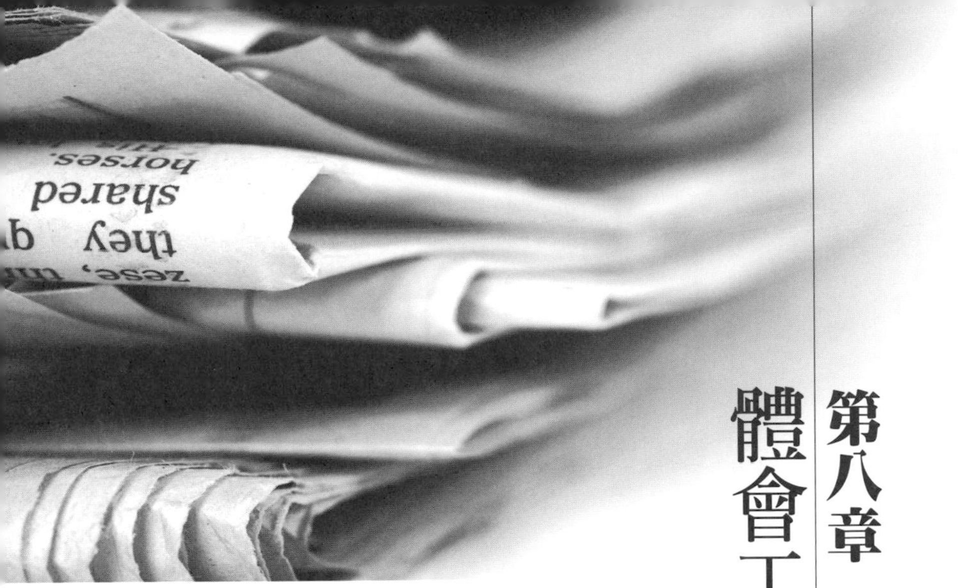

第八章 體會工作的眞義

工作的意義是什麼？

是名片、是頭銜、是每個月讓你的心臟猛烈跳動的業績報表，

還是讓你永無止盡追求名牌奢華生活的薪津？

你求的是什麼？

你的出發點，決定了工作的價值。

1 玻利維亞街童的春天

作為「黃達夫醫學教育促進基金會」的長期志工，二〇〇七年九月二十二日我參加了一場由基金會主辦的「醫學院學生人道醫療服務工作坊」座談會。在這場各大學醫學院學生與會的活動中，基金會除了邀請五位國內從事國際醫療服務的醫師，還煞費苦心的從美國、澳洲分別邀請了五位國外的醫師來當講師，用意是在激發醫學院學生們對人道醫療的關懷，並付諸行動。

我要說的這個故事的男主角就是其中一位講者，任職於美國波士頓醫學中心的黃志成醫師（Dr. Chi Cheng Huang），這位才三十五歲的年輕醫師，父母親是台灣移民，他在美國南卡羅萊納州出生，是一個從小就天賦過人的資優生，十歲就到大學去旁聽，讀書對他來說易如反掌。他的心願很小，他相信等他長大讀完醫學院之後，就會有時間好好的玩了。

十六歲那年聖誕節早晨，黃志成失去了患血友病的妹妹。他的生命改變了，他開始思索生命的意義、存在的意義。他對一切感到質疑，也對一切憤怒。

上帝造人、醫療救人，但為什麼卻獨獨奪走了他可愛的妹妹？生命的答案究竟是什麼？

哈佛醫學院畢業的前一年，這位大四的學生毅然向學校申請休學一年，他發願要去世界上最窮困的角落，去照顧最邊緣的孩子。

他發了一百多封請求擔任志工的信件，最後他接受一個教會的邀請，來到玻利維亞，擔任專門收容街童的孤兒院醫生。

玻利維亞是南美洲一個非常貧窮的國家，因為貧窮，所有的人都為了生存沒有尊嚴的活著；因為貧窮，大人將苦難發洩到孩子身上，家庭裡暴力事件不斷上演。

首都拉巴斯，成千上萬平均十四歲的孩子流落街頭，百分之九十的孩子受過身體的虐待，他們打架、乞討、偷竊、吸毒、強暴，或是被打、被偷、被強暴，甚至被謀殺；女孩子則用身體去換取小額的金錢，或是短暫的保護，然後是懷孕、墮胎、死亡……

在全世界最大強權國家的南方，本該是最天真的孩童，卻在玻利維亞的街頭，每天每天，上演著最原始、最粗暴、最血腥的戰鬥。

那天演講，黃醫師敘述了他在玻利維亞的志工經驗。

他說，第一天晚上初到位於山頂的孤兒院，還沒有機會喘氣，社工人員就急急忙忙的拉著他去看一個女孩。女孩的一雙手臂都被她自己用小刀劃傷了，傷口滲著血。

黃醫師要幫她消毒包紮時，拉高衣袖，他發現，女孩從手腕到手肘，竟然有著深深淺淺的二十幾條傷疤。他倒抽一口氣，讓護士將女孩的衣服脫下再看看。更為驚人的是，小女孩的胸口、腹部、大腿，佈滿了如棋盤一般錯綜的傷疤，長長短短，至少有兩百條以上！

這才是他來到玻利維亞的第一天、面對的第一個孩童啊！這世界如此不同，又如此殘酷。

黃志成醫師回憶著，那一瞬間他幾乎有想逃走的衝動！

他問女孩：為什麼要割傷自己？

小女孩只冷冷的回答他：「因為我高興。」

女孩沒有說謊，這些街童們承受的生存壓力太大了，心太痛了，忘記心痛的方式就是讓肉體更疼痛！

當你去理解，你就可以體會那個痛。

這位二十六歲的台裔哈佛醫學生，他沒有被嚇跑，反而走向貧窮中的貧窮、邊緣中的邊緣。他白天在孤兒院服務，晚上就背著一個醫藥箱來到暴力街頭，照顧這些無家可歸的流浪兒。

高燒不退的棄嬰、以草藥墮胎血流不止的女孩、被毆打斷腿的少年、賣淫感染梅毒的雛妓……沒有批判，沒有是與非，他單純的關懷街童、為他們醫療，和他們做朋友，去理解他們。在街童茫然困惑的時候，適時的拉他們一把，避免他們從日常械鬥的身體傷口感染，一直墜落，直到靈魂也壞死。

演講中，黃醫師說，無數次他在街頭，當街童被流氓追趕、被警察勒索，他總是背起藥箱和他們一起跑。

他說在那一瞬間，他覺得他不再是台灣人，也不是美國人，他認為他就是一個玻利維亞人！

黃志成就是用這樣的心情無私無我的融入那群人們。

在休學的幾個月中，黃志成幫助了無數的街童，然後他回到哈佛醫學院完成學業，成為一個了不起的醫生。但是，黃志成並沒有忘記那些「不被看見的孩子們」，每年有幾個月時間他在波士頓醫學中心擔任醫師，其餘的幾個月，他回到玻利維亞，推動人道關懷的街童計畫，並成立了兩個收容之家。另外，他自己也收養了幾個玻利維亞的小孩，他說：「如果有一天，玻利維亞的街童們都能有一個家，那將是我留給人們最大的遺產！」

各位朋友，當我那天聽完演講，心中滿是激動。那是言語、文字都無法形容於萬一的震撼。

工作的意義是什麼？是名片、是頭銜、是每個月讓你的心臟猛烈跳動的業績報表，還是讓你永無止盡追求名牌奢華生活的薪津？你求的是什麼？

黃志成醫師沒有告訴我們答案，但是如果你讀完這個故事，和我一樣願意低頭稍稍思考，我相信我們已經有了初步的方向。

2 為何而做？

我常想，以五千元賺一萬元，你是克勤克儉的小攤販；以五十萬賺一百萬，你是個兢兢業業的小生意人；以五千萬賺一億，你是一個小有成就的企業家；以五億賺十億，你是個非常富有的老闆。

但是如果工作除了金錢數字的增加，沒有其他，即使你以五十億賺百億，五百億賺千億，甚至你能賺得全世界，那麼，所有的一切到最後不過是變成金錢遊戲。你不會擁有人生真正的價值與快樂，反而會越來越空虛。

你努力工作只是為了想贏過別人，還是希望對人群有所貢獻？你是否對日復一日的上班生活覺得無趣，工作越來越無力？如果你能跳脫工作只是在求得自身安穩的生活，而把工作視為對社會與人群提升進步的力量，那麼你會越做越有勁。

所有的工作都是這樣，你的出發點，會決定它的價值。

這幾年的台灣社會標榜有錢才是成功的價值觀，影響了許多年輕人，他們工作並不是為了實踐自己的理想，也不明白每個工作都能帶給自己與別人正面的意義，他們對工作的看法就是錢能賺得越多的工作越好。

我常常看到許多年輕人，他們早早在二十幾歲就急著找一份工作，作為生活的保障，這雖然沒什麼不對，但如果工作的意義僅止於此，工作一久，難免疲乏，不再有動力。

你曾經鬥志昂揚的唸書，為了什麼？

我在電視新聞中看到一則報導，一個基層公務部門出缺，因為是需要體力的工作，因此除了筆試之外，還有體力上的測驗。雖然職缺不多，但考上了就是公務員，考試當天吸引了大批人參加，其中不乏大學生、甚至碩士去考試。

鏡頭上，這些擁有高學歷的年輕人背起了沙包，在既定的跑道上拚命向前衝，有人不小心摔了一跤，又趕快站起來扛起沙包繼續跑……新聞中為那個畫面配上了逗趣的背景音樂，我卻一點也笑不出來。

我很想知道這些年輕人曾經鬥志昂揚的經過了基測、學測、指考，然後繼續鑽研讀了碩士，面對求職，他們心裡想的是什麼？

難道竟然只是終身的保障？

同樣的情況，由於經濟越來越不景氣，於是更多人參加各種普考、特考，總認為只要考上了，工作有國家級的保障，沒有撤職資遣的風險，還有比民間企業優厚的待遇及福利，從此就可以捧著鐵飯碗安身立命了。

我看到很多年輕人懵懵懂懂，就這樣被父母師長引導著去考公務人員。人生路難免險惡，找一個「鐵的保障」，也無可厚非，但是如果我們在二十幾歲的青春年華，自己的潛力都還沒被激發、創造力都還沒揮灑，就急著去找一個終身保障，「安定」下來。這樣的人生會不會太無趣了？

考試之前，很多人忘了問問自己：我考的是一個「公僕」的工作啊，我是一個有耐心的人嗎？我樂於為大眾服務嗎？即使工作單調瑣碎，也能從中找到創意樂趣？雖然工作朝九晚五，我的鬥志卻不打烊？

從事公務工作當然很好，我們的國家社會很需要有才幹能力的公務員，為我們奠基，尋求遠大的發展。但如果你的動機只是為求一個不碎的飯碗，那麼當國家花費這麼大的資源，找到的都是一群追求終身保障、明哲保身的人，對力求提升效率的國家豈不是太不公平了？

這樣的公務員退休之後又如何呢？

前些時候我因為背部疼痛，必須定期到醫院去復健，幾次以後，總是在同一個時段碰到固定準時來復健的病友們。在等待機器的空閒時間，從一開始禮貌寒暄、漸漸大家也就有了聊天的機會。這些病友們大多與我年紀相仿，但多數都已經離開工作崗位，包括退休教師、退休公務員。

問起他們為什麼來復健，他們的回答竟然是：「每天來這裡報到，也是一種打發時間的方式啊！」

打發時間並無對錯，但是難道就只能這樣？

心態不能改變，生命就是一灘死水。

我總是想著，當我們的年輕人從事公務工作時，儘管只是縣政府裡的一個小科員，都必須有一種抱負，給自己期許：因為**我**「掌握了國家資源」，相信有**我**的「投入」，公務工作可以「改變」許多事情，對社會有更大的貢獻。當你有機會升遷，有更高的職務、掌握更大的資源，你才會更具使命感，一心要把國家帶到更好的方向。

這才是做一個公務人員正確與理想的態度。**你把格局放多大，工作的意義就有多大**。你必須要用熱忱投入，才能成就工作的價值。

勇敢向大海游去吧！

我自己從事旅館行業有一個很大的原因，當我在服務國外的旅客，或是當我在國際間參與各種觀光議題的研討時，我心中永遠會想到，這是一個讓外國人了解台灣很重要的環節，這種使命感讓我盡力想把這個工作做好，也帶給我在工作中無窮的精力。

年輕朋友們，在你從學校畢業後正式投入工作的行列，要知道二十幾歲正是人生飛揚、理想飆升的年紀，不應該讓自己僅僅耽於一份安定穩當的工作，應該要有為理想付出，辛苦一點仍然堅持的勇氣。**好比今天你學會了一身好的泳技，可是你只敢在泳池裡面游，你不敢游向大海去，因為你怕風浪，那麼你將永遠無法體會徜徉在大海中的風光。**

不要害怕栽個幾次跟頭，要知道在失敗中能學到真正的智慧。勇敢的接受大海的挑戰，才是面對工作、面對人生應該有的做法。

為何而做？每個人都應該好好的問問自己。

3 金牌替代役

我一直覺得，職位大小不是決定工作意義大小的因素，關鍵是要看你的態度。一位勇於任事的小弟，他為工作所創造的價值並不比一位大老闆差。

接下來我要講的故事，發生在一位剛畢業的年輕人身上。我與他認識是因為一封抱怨的E-mail。

大約三年前，某個禮拜天的早上九點鐘，我的值班經理打電話給我，說有顧客E-mail投書，抱怨我們一家加盟飯店的自助餐廳服務人員態度不佳。通常這類的顧客投書，飯店會有專人處理，但我因為聽到值班經理說這位顧客相當不滿，而且非常氣憤，便讓他把信轉給我。

果然，這封E-mail的語氣不是很好，投書人是位即將畢業的大學生，他說因為看過我的書，知道我們飯店的服務好、有口碑，因而接洽飯店餐廳舉辦謝師宴。沒想到謝師宴當天，由於先前聯繫上的誤會，場地的安排似乎不符合他的要求，當場便有了一些不愉快。他覺得相當委屈，滿腔的不平，於是寫信投書過來。

我把信看完，發現這封E-mail是凌晨一點多傳來的，於是我先交代助理，不要急著打電話給這位同學，因為他整個晚上心情不好，加上忙著寫投訴書，一定很晚睡覺，等中午過後我再親自跟他聯繫。

我之所以想親自與他通電話，最主要不是因為他的抱怨，而是我知道，像這樣會代表學系或學校來聯繫舉辦各種活動的年輕人，他們通常心裡都是有一股熱忱，想為大家服務，無論結果如何，是飯店的錯也好，是雙方的誤會也罷，我都必須告訴他，他做得很好。

那天中午我們透過電話談得很融洽。他的心情平復許多，他說他受到我的書影響，所以不管做任何事都要求自己做到最好，而我也從他的談吐語氣知道，他的確是個對服務這項工作很有看法的年輕人。

一個抱怨，結了一個緣分。這之後我們成為朋友，一起吃過飯，也經常有書信的來往，他更不時與我分享他的生活和工作的點點滴滴。

職位大小≠工作意義大小

不久他畢業去當兵，服替代役，在南部的縣市文化中心服務台當櫃台人員。這份工作應該是整個文化中心最「小咖」，也是別人最不想要做的，然而他寫信告訴我，這個位置真是老天特地安排給他的，他不但沒有覺得服務台的工作細碎繁瑣，反而把一份最小的工作發揮出最大的價值，做得有聲有色。

服務台是整個文化中心面對民眾的第一線，等於是文化中心的門面，於是他每天都穿著剛燙過、乾淨筆挺的制服，無論天氣多熱，也都打上領帶，為的就是要讓來參觀或洽公的民眾感覺被尊重。

其實他是服替代兵役，根本不會有人查他的班、在乎他的態度如何，也無涉升遷的問題，兩年一到，卸下軍服就可以走人，但儘管如此，他仍兢兢業業的對待這份工作，絲毫沒有懈怠。

在過程中，他注意到和他同在櫃台擔任服務工作的一名資深的櫃台大姐，經常工作得很不愉快，因為她負責的業務中有一項是登錄與收發全機關的文件，既瑣碎又繁雜。而且，大姐總是抱怨遞送信件的郵差，每次都要等到接近中午用餐時才將一大捆信件送來，因此她往往得要犧牲午休時間，才能完成登記與發送。甚至，郵差常在大家都去午休的時間才到，導致一些重要的掛號信件，因為無人簽收，又要拖到第二天了。這件事困擾她已經很久，中午一到，不愉快的心情就會發作。

這位服替代役的同學心想：這真的是一件不能改變的事情嗎？為什麼要被這樣的小事困住呢？於是下一次郵差大哥來送件時，他就主動前去認識，並且慢慢花時間和郵差聊他的工作。

沒多久他就發現，其實只要稍稍改動郵差每日送信的動線，就可以避免剛好中午時間到達文化中心。於是他很誠懇的溝通說明，希望能讓彼此的工作效率提高，減少兩方面不必要的麻煩。郵差大哥也覺得他說得很有道理，於是把流程改變了。

流程改變，所有的收發作業也因此順暢了，櫃台的大姐終於可以在一早就開始處理登錄收發的工作，時間相當充裕。而他只是多用一點點心，做一些溝通，問題就解決了。

服務台的工作還包括接聽電話，有一天他突然靈感一來，建議把原本接電話時制式的問候語「您好，文化中心」，加上英文版，並加入親切的語氣，變成「文化中心，Cultural Affairs Bureau，你好，很高興為你服務」。

這個小小的改變，馬上引起好評，許多人向文化局長反映，他也獲得了讚美。接著他發現文化中心偶爾也會有外籍人士來訪參觀，館內廣播應該要有雙語服務，因此又得到更多國際人士的讚美。

他說當他第一次用英文版廣播後，在各樓層辦公的行政人員都跑了下來，想看看到底是誰在用英文廣播。

館內廣播行之有年，蕭規曹隨，多一事不如少一事，誰都沒想到是一個櫃台替代役男的主動提議，讓文化中心越來越國際化了。

他的用心還不止於此，為了能達到「飯店級的服務水準」，他細心的做功課，把每一次要來文化中心開會的貴賓或市府人員的基本資料背熟，等到那些人一踏入文化中心，他馬上能認出誰是誰，準確的叫出來賓官銜，並親切的接待他們。

幾次下來，大家對他的印象都很深刻。有一回局長和市府官員經過服務台，官員就對局長說：「貴局真好命，有這麼好的替代役男可以用，這真是金牌等級的替代役啊。」於是名聲更加的傳開，同事們都開始稱呼他為「金牌替代役」。

一份不起眼、小小的工作，竟然能夠提升整個文化中心的服務水平，這都是因為這位年輕人對工作所抱持的正確態度所致，不僅自己得到了讚美，他也讓這份工作的意義完全顯現出來。

工作的意義不在於職位、頭銜和金錢的追求，而是讓自己能在工作中獲取個人才能的充分發揮，並影響他人，進而提升公司或社會整體的進步。

能夠在工作中得到滿足與成就感的人，乃是因為他尊重並熱愛自己的工作。而要能持續地熱愛工作，就必須去確立工作的正面意義。每個工作只要你肯用心去經營，都會有它金牌等級的價值。

第九章
學習過一個平凡但不平庸的人生

我們的孩子躲在學院裡，修完學士修碩士，
修完碩士再拿一個博士，還躊躇著要不要走出來。
但即便你拿到了數個學位，
如果仍然找不到心裡安身立命的所在，
學位只是讓你擁有一個加倍不滿的未來。

有個機會和一群學者聚會。閒聊中，發現大家都有一個共同的焦慮，就是「大學生的失業率不斷攀升」。那些焦慮不只是在數字之上，我想實際的失業率應該更高，因為有越來越多的大學生畢業後，為了逃避現實的問題，躲進了另外一張文憑追求的保護傘之下。

現今的社會，每個想讀大學的人都可以如願，學士修完了修碩士，碩士畢業了再修博士。碩士博士越來越多，眼見大家表面的學識程度好像都提高了，但是學校並沒有讓他們學習到在社會謀生的基礎和能力。

我看到這些教授們個個皺著眉頭，陷入了找不到答案的問題裡。

我不禁想起前些時候讀作家龍應台和兒子的書信集《親愛的安德烈》，其中有一段兒子對母親的告白，他說：

「親愛的媽媽，你必須要清楚面對一個現實，就是，你有一個極其平庸的兒子。」

看到這一段時，我不禁愣住了，龍應台是我的朋友，我有數次機會接觸過這個自認「平庸的兒子」。他是一個中德的混血兒，會說寫流利的德文、英文，會說中文，擁有多國語言的能力。

這個「平庸的兒子」是一個在高二那年去美國做過一年交換學生，每個暑假到不同公司實習，最近的一次暑假，才在上海德意志銀行實習，目前在香港大學經濟系就讀的學生。

如果這位已經擁有許多工具的大學生認為自己是平庸的，因為他覺得以他的能力，將來不可能與他父母親的成就相比較，那麼我們把這位自認為平庸的孩子放在這些台灣教授的眼前會有什麼評價？在台灣的教育體制下，和台灣的學生們放在一起，我們的大學生們是不以為意、是滿心羨慕，還是擔憂害怕？

誠實的面對自己的平凡

問題在於你將眼光放在哪裡，放在世界更高的舞台上，你才會看到自己的不足，把眼光鎖在一個島上，任何分數都考得上大學的低標看自己，那一紙文憑又能有什麼憑藉呢？

平凡的人生並不可怕啊，可怕的是我們躲在保護傘之下，不知道自己的平庸、不願意面對自己的平庸。

其實當看到台灣以十倍速的速度，一夕之間增加了這麼多大學系所，卻沒有相對的創造出能教出有競爭力學生的教師與國際化的環境時，可以預期的未來，台灣將會有更多的年輕人被迫要用高學歷的文憑，自我委屈的屈就在一個與自己學歷不相稱的工作。

這種結果，恐怕要比原先就自我認命，不以學歷為自己前途唯一選擇，安於本分、安於本能在自己的工作中尋找成就感，或在自己工作以外尋找價值的年輕人更難應付。

那麼我必須要說的是，我們青年人現在要有的心理準備，假如這個社會仍然無法安定，假如我們經濟不再起飛，假如情況會越來越糟，假如客觀環境迫使你如何也無法突破你所面對的困境，那麼你將怎樣面對你的未來？

我的建議就是要學習過一個平凡而不平庸的人生。有的時候不論是好的工作或壞的工作，總是會面對不同的無奈；別人認為好的工作，可能你卻得每天面對一個不可理喻的上司；而一個人家認為平凡普通的工作，你卻能從中找到成就和樂趣，或是從工作以外找到別的成就感，這些都是必須去學習的課題。

找到自己的平靜與滿足

有一次我在德國搭上一輛計程車，車上小空間裡播放著我喜愛的古典音樂，於是就和司機先生聊了起來，這才知道這位氣質不凡的司機先生原來在大學教書，失去教職之後才開始開計程車，雖然落差如此，但他並不以為忤。

因為工作對他而言只是一個謀生的工具，他內心的豐富並不需要倚靠職位的肯定，在駕駛座之外，他仍然擁有一個完整人格、氣質、內涵的生活。

一個懂得欣賞藝術的人，有一天當他感到無聊，或是心情鬱悶的時候，藝術就會成為他最重要的生命伴侶。即使讀書讀得不是最好，成就不是最高，錢賺的也不多，但生命仍然可以是豐富的。

就像這位德國司機。

如果在小學的時候老師教會我們欣賞巴哈的音樂，現在無論你多大年紀，在任何地方做任何工作，你只需要兩、三百元買張CD，就可以擁有巴哈，你隨時隨地都可以得到心靈的慰藉與滿足。

相反的，即使你當上了政治的領袖，或是企業的董事長，如果你只能一直在金錢與權力上頭打轉，你就永遠無法得到這種心靈上的饗宴，這難道不也是另外一種貧窮嗎？

你可以很富有，不是因為有錢，也不是因為有權，而只是因為你開始親近人文與藝術。

現在台灣學生最大的難題，就在於教育制度太過度著重智能訓練，只要求考試成績，忽略了其他面向的人生發展，生活的內涵因而缺少了人文素養這一環節。

有內涵的生活才能讓我們找到心靈的安適，否則即便你拿到了幾個學位，仍然無法找到心裡安身立命的所在，學位只是讓你擁有一個加倍不滿的未來。

想想自己究竟要成為什麼樣的人？要過何種生活？而不是一窩蜂跟著大家的腳步走，或是在別人的壓力下選擇了一個自己並不喜歡的人生。如果你已經仔細分析過自己，對自己的認知也通過試驗，那麼不管最後你選擇的「你」是什麼，一定都能活出與眾不同的人生。

我在各地演講或接受採訪時，常常會面對同一個問題：「你覺得人生成功的定義是什麼？」我說這很難講，人生不是在牌桌上，最後可能翻牌兩瞪眼，立刻知道是輸是贏；人生也不是賽跑，有一個終點可以抵達，可以告訴你奪標與否。人生不是這樣的。

人生的成功端看自己如何界定它的意義，可能你覺得今天完成一件像騎單車環島的夢，就是一個成功，然後下個階段你又完成了一個自己想實現的計畫，那又是另一個成功。

最終生命的結果，就是不斷累積這些，一次次你交給自己，而讓自己盡心盡力去實踐的理想與目標，並且在過程中充分享受並體會心靈的躍動，至於成功不成功，那已經不是重點了。

安德烈說的「平庸」是謙虛了。你，與我，我們大多數的人都要面對有一點無奈的平凡。是的，平凡。要做一個不平凡的人不簡單，但是我們作為一個平凡的人、做平凡的工作，你能不能活出一個不平凡的人生？

做工作中的發光體，在工作之外去影響別人。

你做一個貨運司機、你是市場裡的小販，只要你樂於在工作中分享、有機會就去幫助別人，坦然面對自己、認識自己、盡自己一切所能，知道自己心靈的安適不是與別人比較，而是「我」的平靜與滿足，那麼相信你就是一個快樂的司機與小販。

面對大環境的無力感是我們無法去解決的，但是我們都必須去學習，學習在人生旅程中過一個平凡但不平庸的人生。

第二部

做別人生命中的天使

第十章

伸出你的雙手

許多人常常有錯誤的觀念，總覺得要有錢才有能力去付出，
或是退休以後才有時間做公益事業，
但公益慈善最重要的不是捐出金錢的多寡，
而是一種精神，一顆願意幫助別人的心。
給被幫助的人尊嚴，讓他們有能力幫助自己，
甚而反過來有能力去幫助別人，
這種善的循環力量，也才能使公益精神發揮最具體的效用！

1 以尊嚴開啟的行動

從二〇〇二年開始，美國《商業周刊》每年都會評選出年度美國「慈善排行榜」，二〇〇六年的捐款榜首是全球知名的股神華倫・巴菲特，他總共捐出三百七十億美元，相當於他個人資產的百分之八十以上。

在歐美國家，企業或個人對於慈善和公益的捐款早已蔚然成風，許多企業家在事業有成之後，轉而投身慈善工作。微軟創辦人比爾・蓋茲成立全球最大的慈善基金會，他甚至曾經承諾，除了留給自己的小孩每人一百萬美元，其餘的財產都將捐獻出來做公益。

事實上，並非只有排行榜上這些富豪樂於捐款助人，在美國普羅大眾的觀念裡，是寧可把財產捐出去做公益，而不是留給小孩。

早年我在美國運通工作時就接觸到這種慈善精神，我記得總公司每年都會撥下一筆錢，分配到各國的分公司，作為當地的公益捐款。那時我是台灣美國運通的總經理，便接到這樣一筆數千美元的款項，要求用在慈善的活動。

三十年前這已是很大的一筆錢，但我想如果拿來救濟窮人，當時的窮人很多，根本救濟不完，也分散了效益。為了能讓這筆錢發揮最大的用途，而不只是捐出去了事。我四處打聽，最後終於找到捐款的對象，一個在新竹，一個在宜蘭。

他們需要的不只是金錢，還有尊嚴！

新竹有一個教會專門幫忙和收養智能不足的孩童，除了照顧這些小朋友的生活，最大的問題就是如何使這些小朋友不會成為家庭和社會完全的負擔，更重要的是能讓他們感覺到自己是有尊嚴、有意義的活著。

那裡的神父覺得光是救濟並不能解決真正的問題，必須讓他們靠自己的能力幫助自己。

當時那個年代，正是台灣傳統產業委外代工開始蓬勃發展之際，於是神父提出建立一個庇護工廠的想法。我覺得這樣做相當有意義，就把一半的錢捐給他們。

不久庇護工廠成立，神父就讓這群智能不足的小孩從事一些他們有能力完成的工作，例如組裝聖誕燈這種簡單的家庭代工，如此一來，不但他們每個月都能以自己的能力賺錢，對自己的信心也增加不少，不再覺得自己是社會的寄生蟲，而家長看到原本無望的小孩居然可以從工作中獲得社會的肯定、及自我的尊嚴，都相當欣慰。

另外一個對象在宜蘭，針對的是一群家中無能力供應孩子上學讀書的家庭。那個年代的農村普遍貧窮，許多人小學畢業或小學沒畢業，就被家長要求放棄學業，直接負擔家裡的生計。

我記得那時有位老師，他是個盲人，為了讓這些小孩能夠繼續讀書，他就辦了一個實驗社區，讓這些小孩來工作然後又能讀書，類似現在半工半讀的方法，如此解決了貧窮家庭負擔學費的問題，小孩也保住繼續讀書的機會。

我相當認同他的觀念，特別他本身又是位盲胞，更加令人感動，我便把善款捐給了這個實驗社區。

轉眼間這些都已經是三十多年前的往事了，本來我已經印象模糊，直到三年前亞都為了紀念二十五週年，才因緣際會讓我又憶起這段故事。那時週年慶，我提議同仁不要舉辦大型慶祝會，而是應該每個月去做一項有我們同仁參與的社會溫馨活動。

其中有個月份，我們在新竹舉辦一場邀請當地弱智的朋友共同參與的同樂會，當晚在愛心志工的陪伴下來了上百位這樣弱勢的朋友，同仁與我高興的為他們準備美食，並與他們共同活動歡樂。晚會結束後，在回程的路上，我突然想起三十年前那個新竹的庇護工廠，因為剛才在與那群弱勢朋友的同樂晚會中，我隱約覺得，神父當年那個「給弱勢尊嚴，讓他們自己幫助自己」的想法，已經累積了好的成果。

當年的一件小事，本來都已經忘記了，卻沒想到偉大的宗教家與志工們，卻用了三十多年持續不懈的努力，完成人類最崇高最神聖的行為示範。

重拾人們彼此的信任與友愛

讀者或許會問，為什麼我要在這本書中特別提出行動慈善的觀念？就我個人而言，從美國運通那數千美元的活動開始，我便深深覺得個人從事的事業，未必能夠擁有巨大的能量與財力來幫助社會，也無法改變社群面臨的所有問題。因此如何讓那些被幫助的人能夠自助，甚至因而也能幫助別人，便成了我終身奉行的態度，而且我更相信給受幫助的人尊嚴，遠比給金錢更為重要。

另外就整體社會而言，以今天台灣陷入政治紛爭、國民的道德價值混亂的現況來看，慈善與公益的精神恰可平衡這股騷亂不安，也重新拾起人對人的信任與友愛。

許多人常常有錯誤的觀念，覺得要有錢才有能力去付出，或是退休以後才有時間做公益事業，但我想說的是，公益慈善最重要的不是捐出金錢的多寡，而是一種精神，一顆願意幫助別人的心。就像前面提到的宜蘭老師，他自己是個盲人，他也沒錢，但他的心、他的精神，使他有能力去做別人的天使，相對而言美國運通的那筆錢實在是微不足道的。

2 讓困境裡的靈魂也能展翼

三年多前，我接到一封盲人視障團體的來信。信上說，他們是一群受過完整啟明教育的盲人，畢業後各自有安定的生活，但為了能常聚在一起，遂申請社會局補助，借用一個教會場所，每星期大家聚在一起練唱，合唱團名為「展翼」。

除了練唱，他們偶爾也會到扶輪社聚會場上表演，總之就是努力把握和一般正常人互動的機會。但是後來補助款沒有了，練唱的場地也有了困難，這群盲人朋友希望我能幫忙。

當我進一步了解他們所面臨的狀況後，基於我一向主張弱勢團體要給他們尊嚴的原則，我覺得錢反而不是最重要的，而是如何讓他們自己找到應有方向。

我告訴他們，我願意幫忙，但是有個交換條件，就是你也要幫助這個社會。他們認同我的意見，於是我就鼓勵他們，到監獄或青少年輔導院義務演出，把力量帶到其他人需要的地方。

為了讓展翼合唱團能有更安心、更專業的表演，經費方面由資訊業界光寶電子集團的宋恭源先生襄助（後來奇美董事長許文龍先生聽了他們的演唱後，也加入了捐款的行列）。

在訓練方面，原本合唱團就有熱心的聲樂家熊師玲老師幫忙教唱，而舞台肢體的練習，當時我就向還未去世的好友羅曼菲請教，羅曼菲於是就推薦了雲門舞集首席舞者李靜君來指導。我也只是在電話中跟靜君說明大略的情況，靜君二話不說，馬上就為展翼的團員們安排每週一次的肢體訓練課程，還經常「加課」，一有空就和團員們在一起。

在這許多熱心的朋友和志工幫助之下，展翼合唱團的情況漸入佳境，團長每次出訪演出，就會寫一封長長的信來，信中鉅細靡遺的把他們的感受一五一十的告訴我。

他提到他們去監獄演唱，後來還跟受刑人交流。他告訴他們：「雖然我們是一群盲人，因為先天或後天的因素看不到這個世界，永遠生活在黑暗中，但我們的心和大家一樣是溫暖的，也期盼自己能為別人做一點事情。我們來到此地希望帶給大家一些鼓勵，也希望為各位的人生帶來一些光亮。」這些話如果由我們身體正常的人來向受刑人說時，或許不會得到他們的回響與感觸，但當它是來自於一群自己都需要別人幫助、且看不到光亮的人口中時，特別能感動人。

團長在信中寫道：「當我們開始用感性的歌聲安慰他們時，有時我甚至可以聽到有受刑人啜泣的聲音，我可以感受到現場被感動的氣氛。」

每回和展翼的朋友相聚，都可以感受到他們因為有了自信而帶來的歡喜，去年合唱團還得了獎，春酒宴席間，他們的情緒高昂到幾乎沸騰。我在開車送團長夫婦回家的路上，提醒團長：「固然，你們已經做了這麼多，對社會有所貢獻，但是當你們享有了名氣後，就更不能做出錯誤的示範。」當我這樣說時，團長夫婦只是靜靜的。

過了幾天，團長寫來一封長長的信。他告訴我，有一天到學校比較早，校工還沒開門，於是他就摸著校外的圍牆沿路散步，打發時間。一路上不時有好心的路人過來詢問要幫忙嗎。他一邊婉拒一邊笑著回答說：「我只是在打發時間！」同樣的情景，讓他忽然想起許多年前，當他還是啟明學校的學生，也經常和同學們肩並肩、彼此扶著捱在一起，繞著校園圍牆「打發時間」。

他說，對大部分的盲人來說，未來渺不可見，一天是那麼的難熬，必須靠「打發時間」來度過長日漫漫的時光。如今，他發現自己已經好久沒有，也不需要靠這種無聊的方式來打發時間了，他覺得現在這樣四處跑到處演出，儘管比較忙、比較累，但生活卻更充實更有意義。

他說一切都已經變得不一樣了，他們會珍惜這得來不易的時光，更懂得自省，更能夠自持，把自己的力量運用到最好。

最近一次和展翼合唱團的團員們吃飯，我一個個的問他們過去一年的近況，其中有幾位團員，在勞委會客訴組服務，專門接聽抱怨的電話。他們面帶笑容談論著工作，說有時候會接到非常憤怒的勞工朋友打來的抱怨，劈頭大罵三字經，於是他們就耐心的解釋並安慰對方。

我聽了真的是特別感動，不知道當時申訴的勞工朋友，如果知道處理這些抱怨的人，居然是視障者，語氣是否會更好一些？晚宴中我們繼續聊，更讓我訝異的是，團員中竟然還有人加入生命線的志工行列。

我無法想像那種情況，如果真有一個人遭逢厄運、走到生命的瓶頸，意圖輕生，當他知道在另一頭接電話的是比他形體更不幸、更不自由的人，他能否更加珍惜自己的身體與生命？

展翼合唱團已經像天使一樣，擁有一雙展翼飛翔的翅膀，帶給許多人歡樂的歌聲，也安慰在困境裡哭泣的靈魂。他們點燃自己的光與熱，讓自己成為可以去幫助別人的角色，而我相信那些受到他們安慰鼓舞的人，將來有一天也會去安慰鼓舞更多的人。

就如同賴其萬醫師曾說過的小故事：「你也許可以數得出來一棵蘋果樹上有多少蘋果，但你永遠不會知道，當這棵樹上的蘋果掉下來、落入土裡，將來再長成蘋果樹後，又會長出多少果實。」

希望我們的社會能有更多的人，願意來做一顆落地的蘋果。

3 有些孩子和別人不一樣

前些日子我去參加一位可敬的朋友周艾先生的喪禮，他的妻子蔡瓊瑋女士是中華民國黏多醣症協會的創會理事長，是位既有愛心又堅強的母親。在追思會上，我看見她強忍著淚水訴說對先生離去的哀傷，令人動容；我想到他們夫妻為了國內罹患黏多醣症的小孩及其家庭所付出的努力與關懷，心裡惻惻不忍。

也許很多人沒聽過這對夫妻的名字，但他們和他們已經去世的黏寶寶周道，將會是許多人心中永遠的天使。

黏多醣症是一種先天性代謝異常的疾病，起因是由於身體的細胞缺少能夠將黏多醣分解的酵素，黏多醣分子於是不斷堆積在細胞內，影響患者的智能和身體機能的發展，一般存活的年限很少超過十二歲。目前這個疾病雖因醫學進步已有突破，但只能藉由酵素療法改善，癒後之路仍然是遙遠的，絕多數無法用藥的病童還是早逝。

十多年前在發現自己的兒子周道羅患了這種罕見的疾病後，周艾和蔡瓊瑋夫妻四處尋求名醫甚至偏方，只為能延續兒子的性命，無奈當時國內對黏多醣症缺乏研究，也沒有相關機構可以協助，夫妻倆叫天不應，求助無門，只能獨自面對黑暗的日子。那時周艾在華航上班，恰好被派到英國倫敦敘職，於是夫妻倆便帶著八歲的周道和剛生不久的女兒一起到了倫敦。

在英國倫敦期間，他們沒有放棄為周道尋求治療的機會。在英國黏多醣症協會的專業協助及關懷下，他們不但對黏多醣症有更深一層的認識，也逐漸走出心中黑暗的陰影。雖然已經知道自己的兒子恐怕不能像正常的孩子一樣長大，但他們心中已經許下日後要為國內的黏寶寶盡一份心力的願望。

回到台灣後，夫妻倆各方奔走，尋求資源，終於在一九九七年成立了「中華民國黏多醣症協會」，而周道已經在同年稍早時離開他們。

蔡瓊瑋女士在協會成立時寫下了一段這樣的話：

「感同身受，是成立協會的最大動力。我想任何一位黏多醣兒的父母，當他第一次見到和自己孩子長著相近的臉蛋，那種衝擊與訝異，任誰都有將他擁入懷裡的衝動。我們在英國三年，得到英國黏多醣症協會的協助與關懷，這種不分國籍、種族膚色的大愛，感動了我們，於是有了去年三月三十日的家長聯誼會，更促使了今天協會的成立。我們只希望曾經走過的路，留下經驗分享見證於黏多醣兒的父母：我們曾經多走的路，告訴他們無需再曲折費事。」

就是這樣一種「感同身受」的慈悲心，推動著周艾夫婦在絕望中繼續面對生命。雖然他們自己已經失去了他們摯愛的小朋友，某種情況下也可以說他們已經從痛苦中解脫出來了。然而他們反過來將心比心，成立黏多醣症協會，主動尋找國內黏多醣症的病童，讓這些家庭能夠彼此聯繫，互相交流打氣，不再像當初他們一樣，獨自面對痛苦。

在他們夫妻倆和協會的推動下，這個疾病受到國人重視，國內的相關醫療院所也加強篩檢未出生的嬰兒，避免生下黏寶寶。

沒有黏寶寶周道，就不會有堅強面對生命的周艾夫妻，沒有周艾夫婦的慈悲心，許多的黏寶寶現在可能還躲在黑暗中過日子。

周艾先生的驟然去世，帶給所有朋友無限的驚愕與不捨，但無論是他或是他的夫人，帶給這個社會的正面示範，是永遠讓人欽佩與感念的。

在台灣還有許許多多這樣的孩子，他們的名字和別人不一樣，黏寶寶、玻璃娃娃、月亮的小孩、蜜糖寶寶、小胖威力、喜憨兒。他們是天使轉世的小孩，讓我們有更多付出愛的機會，去珍惜他們比常人更為有限的生命。

4 善的力量使人提升

三年前我接到一封信，是來自一個安置中輟生的民間機構，當時負責人中的一位母親在信中說，他們希望能改變這群不受重視、被遺棄的孩子的生活，給他們新的生命。

那時他們的機構剛落成，希望我能到場參加他們的開幕典禮，並對孩子們說些鼓勵的話。我沒有猶豫，立刻安排行程，當我去到那裡時，我被感動了。

以硬體而言，這裡其實不是什麼了不起的建設，但是卻有許多有愛心的人，他們一點一滴努力耕耘，默默地為這些孩子建立一個溫暖的家。

他們對我的來到也感驚訝，他們沒想到只是一封信我就答應來了，我告訴他們：你們才是真正了不起，我今天來的目的，就是要來被你們感動的。

我說當台灣這麼亂的時候，在社會不同的角落，就是有像你們這樣的傻子，還不放棄，所以台灣才有希望，你們應該為自己鼓掌。

演講結束前，我跟他們說：各位朋友，所有你們做的這些事，我想明天報紙並不會登出來，也未必可以得到政府的補助或關愛，但是最重要的，在你們生命的過程當中，由於這樣無私的付出，你們的收穫將因此更加豐滿，你們已經為自己贏得人生的榮譽勳章。

這些志工家長們，在從無到有中慘澹的經營，他們歷經幾次的難關與辛苦，但始終靠著自己的力量維持下去並且逐漸發展壯大。在寫給我的信中，他們提到，籌備初期，募款極不順利，但為了中輟之家的建設，他們不得不以自己的房子向銀行借錢，最後連女兒出國留學想要貸款，都因為那時的貸款「紀錄」問題而被擱置了。

讓我最感動的是，他們在信中還說，當面臨財務匱乏，而且輔導這些中輟生就業並不順利時，其實心裡很掙扎，有想過要向我求援，但最後還是忍住了。

因為他們覺得，必須要靠自己、要在自己的社區尋求資助來完成這件事，讓自己能夠負擔自己，才能做長遠的規劃與打算。

去年我又去了中輟之家一趟，在志工的簡報下，我知道不久前他們才帶著孩子完成「自行車隊環島」的活動。在簡報紀錄片中，他們告訴我，這趟自行車的壯遊之旅，對中輟生而言非常具有意義；他們沒有因為困難而逃避，他們選擇堅持完成這個「人生的另一段旅程」，而不是「中輟」。

這個單車的旅程十分特別，一路上的淚水與汗水當然不在話下，由於經費的不足，不可能去住旅館，於是有好幾晚他們睡在學校或公所禮堂，搭起帳棚過夜，苦雖苦，他們就是靠著互相扶持的力量，走完這條路。

路上有個小插曲，有個小男孩騎車時摔倒了，幾個志工連忙跑去攙扶他、並檢查他的傷勢，在志工及老師陪伴小朋友到醫院的路上，老師聽到小朋友啜泣的聲音，於是安慰他：「不哭不哭，受傷了，我們提早送你回去……」男孩哭得更大聲了，他說：「我就是怕你們提早送我回去啊！」

經過艱苦的環島挑戰，孩子們也都長大了。其中有個中輟生，原本是個桀驁不馴的女孩，她全身多處刺青，左一個龍、右一個鳳，跟人吵架時經常滿嘴粗野的三字經出口，且經常對同伴有挑釁的行為。在一般人的觀念中，這孩子的人生已經無可救藥，但經過這趟旅程，她改變了。

環島結束後，在心情分享的聚會中，這個女孩子竟然跟大家說謝謝，感謝大家對她的包容。她也向大家道歉，為過去冒犯大家之處請求原諒！因為她已經體會到團體生活中互相扶持、互相鼓勵度過各種難關的友誼，因此她的態度也軟化下來，開始願意付出相同的情感去對待別人。

聽完簡報，我更加肯定這種挽救、改變中輟生命運的實際行動，而且我也要說，對那些家長同意或自願來參加環島活動的在學學生，我對他們的勇氣表達肯定，其實他們的收穫也很大。

這些在學學生，一般都生活在比較健康的家庭，從小要什麼有什麼，有時被過度保護，變成溫室裡的花朵。藉著這趟旅程，除了鍛鍊心志、培養刻苦耐勞的精神，也讓他們有機會面對、並學習與這群跟自己不一樣的人物應對、打交道，獲得比在課堂上還要管用的知識。就比如二十多天來與那個桀驁不馴的女孩相處，他們會發現這麼一個「恐怖」的人，其實她的內心世界在某種情形下也是脆弱的，她也有良善的一面，只是被掩蓋住了。他們也會學習到包容的力量，因為正是大家的包容才改變了她。

如此，當有一天這些同學們進到社會，當他再遇到類似的人，就不會再害怕了，也不會用異樣的、厭惡的眼光來對待，而是以一顆平等的平常心面對。如果有一天他當了主管，碰到團隊裡出現這樣的人物，他也會知道如何去調解，讓團隊和個人之間都能朝正面的方向提升。

施主才應該感謝！

日本《禪的故事》一書中提到誠拙禪師的故事：

在誠拙主持鎌倉圓覺寺期間，有位富商決定捐獻五百兩黃金，為他建一座較為寬敞的講堂。當富商把這筆捐款送來時，誠拙禪師似乎不太在意，只簡單地說道：「好吧，我接受。」

富商對於禪師這樣的態度頗為不滿，他覺得光是三兩黃金就足夠一個人過一年舒服生活，更何況自己捐了五百兩，卻連一個謝字都沒有得到。

「那個袋子裝的是五百兩黃金啊！」富商暗示道。

「數字之前你已經對我說過了。」誠拙答道。

「縱使我是個富商，五百兩也是一大筆錢呀！」富商又說。

「你是否因此要我向你致謝？」誠拙於是問道。

「你是應該感謝。」富商回答。

「我為什麼應該感謝？」誠拙說道：「施主才應該感謝！」

沒錯，施主才應該感謝，就如同《聖經》上所說的，施比受更有福。

在與這些弱勢團體的互動中，我自己的感觸很深。把這些故事說出來，希望無論是企業或個人都能夠體認，當你能伸出你的雙手做別人的天使的同時，別人也正是你生命中的天使。

第十一章 擁抱天空下的星子

生命中隨時都有讓人感動掉淚的事，
他們像是上天一不小心失手墜下的星子。
有時我會覺得為什麼不多做一點？多付出一點？
也許你伸出一隻手，也許只是輕輕一扶，
重新讓他們站上天空。
這根本不是了不起的事，但你卻得到了整片星空。

1 一封來自母親的信

二〇〇七年五月二日晚上，我在台中有個約會。約會是很早就定下的，與業務無關，我要和兩位素昧平生的母親一起吃晚餐。

去年我收到了一封信，信中附了一本我的書，寫信人希望我能幫她在書上簽名，並且寫幾句鼓勵的話，因為她要把這本書送給另一個人。

我被她的信吸引住了。她說她是一位三十幾歲的媽媽，平常工作時間較忙，就把女兒送到安親班給老師帶。安親班裡有個五十幾歲的女老師，是一個有教育熱忱又很有愛心的人，老師非常疼愛她的女兒，就像親孫女一樣照顧，讓她感到很放心、很安慰。

有一天這位老師請假沒上課，後來輾轉得知她得了腦瘤，這位三十幾歲的媽媽就馬上去安慰她。

人生的道路上有千百個轉折，兩個非親非故的人，竟然在不同的轉折點上，找到了生命的共鳴。

那一天，她們聊到抱頭痛哭。有感於這位老師為自己女兒的付出，這位媽媽就對老師說，以前你照顧我的女兒，現在請你把我當作你的女兒，換我來照顧你。這位曾經在榮總工作過的媽媽，於是每回陪著生病的老師去醫院看病。

接下來的日子，這對忘年之交就像親人一樣，互相扶持，互相照顧。後來有一次閒聊到閱讀，才知道她們還有一個共通點，她們都是我的忠實讀者。

這位媽媽心中就有了一個主意，她想給這位老師一個意外驚喜，送她一本我的簽名書，讓她在病中得到安慰與鼓勵，於是就寫了這封信給我。

看完這位母親的信，我的心馬上熱起來，我感動於這樣人與人之間的愛與慈悲，老師愛護學生如同孫女、媽媽照護老師如同母親，我們的社會缺少的不就是這種互相親密、互相扶持的力量？於是我不但寄回我的簽名書，我自己也想給這位安親班的老師意外驚喜和鼓勵。

我回信告訴這位母親，我說我覺得單單一本書好像是不夠的，能不能讓我也來加入驚喜行列，由我作東，請你們一起到台中亞緻酒店住宿一晚，當晚我也會出現，然後我們一起有個晚餐約會。

這位母親立刻又回信給我，她說她從來沒想到只是因為一封信，我竟然就給她這麼大的驚喜與力量。其實我想告訴這位母親，她才是了不起的。我不過是花一天晚上的時間陪她們，而她付出的豈只時間而已。

後來因為老師治療腫瘤必須開刀並接受化療，我們好不容易才敲定了時間。見面的那天，我依約驅車前往台中。我的心裡其實帶著一個小小的黑影。那是剛剛得到消息，因為我反對興建蘇花高的態度，隔日將有立委帶著花蓮的鄉親北上到亞都飯店來舉牌抗議。

會發生什麼事情？會比舉牌更激烈嗎？我不知道。直覺告訴我，這樣一個約會，我不能缺席，即使隔天有許多紛擾的事等待著我去面對，但是有什麼比這件事更重要的呢？

我跟這兩位母親見面，表面上像是我在鼓勵她們，可是我心裡很清楚，被鼓勵的人是我，她們跟我分享她們的心情，分享她們那種人與人之間的關懷與信賴，這些豐厚的情感，她們毫不吝嗇的給予我，讓我感動。

她們幫助了我，讓我看到人心之間真誠對人的一面，也讓我覺得我的生命更有意義，當我還有一些殘餘的價值可以付出的時候，就應該堅持去做對的事。

我看著她們的笑容，即使知道隔天我會看到為了蘇花高、某些不同立場人物的表達，但她們的笑，讓我覺得世界還沒那麼悲觀，即使是面對與自己看法不同的人，也還值得多付出一些寬容與體諒。

2 丈夫的眼淚

九二一大地震過後，我到災區去做了幾次演講，除了談到如何重新包裝南投，振興當地的觀光產業外。最重要的是，我覺得發生這樣的災難，人們最需要的是關懷，所以我想去跟災民們站在一起，鼓舞他們。

演講之後，有一位災區母親寫信給我，她說因為聽了我的演講，所以想看我的書，她去書店找到了，但站在那裡卻猶豫了。

一隻手捧著書看，一隻手在口袋中掙扎著，那裡是一家人的生活費，買書是多麼奢侈的浪費。一次一次她走進書店，站著閱讀，然後離開，最後才靠著每日省下的一點點菜錢，終於買了書。

（很久以後，新聞報導某家百貨公司門前，有一群為了搶買名牌包包的民眾竟然打架、踐踏，甚至送醫。我突然想起在台灣地理中心曾經有一位母親，面對著殘破家園，她在生活糧食與精神糧食之間，躊躇又徘徊的身影……）

她寫給我的信，字跡清秀，工工整整，足足有六七頁長，說著她自己的故事。

她說她先生是農專畢業的，她自己則是高中畢業，還有一雙兒女，一起經營家裡留下來的茶園，生活恬淡平實，不忮不求，她以為，生命應該會這樣好好的走下去。沒想到夜裡的一場天搖地動，震碎了一切。

她的房子全垮了，茶園灌溉用的水塔也倒了，更不堪的是整片茶園橫切裂開來一個地縫，一切都完了。

什麼都沒有了。

不得已，他們只好到臨時搭建的組合屋住了半年。之後，政府撥放補助，於是他們想回到原來的地方從頭做起，重新再來。但當時補助錢不多，他們必須貸款，再跟朋友借了一些錢，才把房子蓋起來。原本在餐旅學校讀書的女兒，很懂事，因為經濟因素休學，到溪頭的米堤飯店打工，多少補貼一些家用。

心傷仍在，但他們很努力的一點一點縫合。正當一切似乎都有了新的希望，沒想到地震還餘悸猶存，颱風又來了。

二〇〇一年的桃芝颱風，從花蓮秀姑巒溪登陸，橫掃花蓮後，越過中央山脈，一路撲向南投。連續六個小時的豪大雨，引發嚴重的土石流，瞬間吞沒了屋瓦房舍、農田林地，帶走兩百多條人命。

又是一夕之間，女兒打工的米堤飯店被巨大的土石流淹沒，接著他們重新蓋好的家又垮了。

重建家園的夢又破了、碎了。什麼又都沒了，還留下債務。

那天清晨，她看見她先生站在已經傾倒的屋舍後院。一個大男人眼淚一直掉一直掉，然後自己擦眼淚，手一擦，眼淚又掉了更多……。

她在信中說，作為他的妻子，我真的不知道該怎麼安慰他。她說：「總裁，可不可以請你幫我寫封信給我先生，給他一些鼓勵。」

這封信看得我熱淚盈眶，立刻就寫了回信。

我跟她的先生說：你或許是一個非常不幸的人，失去了家，失去了事業，失去了許多有形的財產，但是我卻也看到了你擁有許多有錢有勢的人都得不到的富有。你擁有這樣一個懂事的女兒，願意為了家庭放棄學業；你更有一位這麼體貼的妻子，她如此關心你的感覺，深怕你無力振作，希望我來鼓勵你，希望帶給你希望與力量。

面對命運那樣無情摧殘的這對夫婦，我的信多麼卑微。

我們落榜、我們失戀，我們被上司構陷、被同儕排擠，我們志不得伸、我們一分努力得不到一分收穫，我們頹廢了、就要放棄了。但是我們不曾想過，有一家人被命運的手操弄著，在黑暗中連續兩次把根都拔除，那樣的挫折如何承受？就連對他們敞開心肺大喊一聲加油，都會被淹沒在滾滾的巨流中。

我只能盡我的力量有時間便寫信，看到國外好的茶葉產品就寄給他們參考。

我沒有想像到的是，幾年的光陰過去，這家人展現了驚人的韌性，他們不但又一次重建了家園，也重建了茶園。在裂縫的土地上，長出了向陽的新茶。

不時我會收到他們寄來新採成的茶葉，這家人正朝著精緻產品的方向努力。沏一壺茶，一心二葉在滾燙的水中緩緩舒展，我的心又一次熱了起來。

他們一定不知道，他們是我心目中的天使。

3 天使小孩

關於九二一，還有另外一個故事。

很多年前我因為手汗的症狀，到醫院做胸腺的開刀，一大早開刀房的門口就有很多人在等待，有些是等著開刀，有些則是一臉焦急的家屬等待自己親人開刀的結果，那時我太太陪著我。等我進了開刀房後，我太太看到有位母親在一旁不停地掉眼淚，看著一個年紀很小的小女孩被送進了開刀房。

我太太忍不住就去安慰那哭泣的母親，原來小朋友得到的是一種罕見疾病，一開始肌肉無力、肌腱的反射緩慢，最後肌肉一點一點的消失，直到骨化。

等到我從開刀房被推出來到病房，全身麻醉漸漸退去，呼吸時傷口還非常疼痛，我太太就急著告訴我，剛才在開刀房外遇見的事。她說等你稍微好一點，我們一定得去探視隔壁病房的母親和小女孩，看看能否幫上什麼忙。

隔天，我可以下床了，就忍著痛，跟她一起去探視。我看著那鎮日守著孩子的母親，擔憂疲累全都寫在臉上。我想既然是這麼罕見的病，除了已經有的治療，也許可以嘗試多方諮詢第二個意見的診治，而且她們家不在台北，車程奔波格外辛苦，就提出建議，安排她們住到亞都飯店，並請託我熟識的醫師幫忙做了深入的檢視。

這樣在幾位不同醫師的聯手下做了幾次醫療，雖然沒有使小妹妹的肌肉完全恢復。但幸運的沒再惡化，她們也就回去了埔里的家，之後很久沒有聯絡。

然後九二一地震發生了，地震那天晚上，我心裡頭立刻想起了在震央的她們，我試著打電話到她們家，但已經沒有人接電話，我只能暗自祈禱希望她們母女平安無事。地震後大家忙著救災，九二一不是中部人的事，這塊土地上的人都不能置身事外。

那時台中永豐棧麗緻酒店的蘇國垚總經理跟我聯繫，他說災區缺乏食物，於是我就快速集合了台北的旅館業，把所有的救災物資集合到濱江公園，叫了好幾輛卡車，火速運到中部，然後由蘇總押車，深入災區發送。

當飯店同仁在那邊照料災民用餐，其中有位災民看到蘇總，就問他說你是亞都飯店的人嗎？蘇總說是啊是啊，那個人黯然的說：我認識嚴總裁，你可不可以幫我告訴總裁，我的小朋友在地震時被壓死了……

我接到消息，一時之間無法言語。

我想到人生的無常，生命真的是太脆弱了，好不容易逃過病痛，卻躲不掉天災。這小女孩讓我久久無法忘懷！

等到又過了一些日子，有一次我到台中的大學演講，演講結束，正在幫同學們簽名的時候，突然其中有位女同學拿了一封厚厚的信交給我。她很客氣地說，嚴總裁這個請你等一下看。當時還有學生在排隊，我也沒多想，就將信收到口袋裡。等我上了車離開學校，猛然想起這封信，連忙翻出來閱讀，原來交給我這封信的女孩竟然是那個小妹妹的姐姐。

她說：嚴總裁，我妹妹已經變成天使了，但是我很想告訴你我們從來沒機會說的話，我媽媽跟我的家人都非常感謝你，感謝你對我們的關懷……

我的眼眶紅了！

我自認為什麼都沒做。

生命中隨時都有讓人感動掉淚的事，有時我會覺得為什麼我們不多做一點、多付出一點？當你看到因為你伸出的一隻手，也許根本沒有什麼了不起的事，可是你所得到的竟然這麼多，你自己是最大的受惠者。

這並不是說因為你得到別人的感謝而覺得受惠，而是在同為人類的處境，我們必須共同創造人性美好互動的可能，我們同情、我們慈悲，當我們肯繼續對人付出關懷，這種美好就會存在，如此我們的社會就永遠會有希望，會有未來。

結語：生命的價值

很早之前，我就為自己預立了遺囑。

簡簡單單一百個字，竟然也就交代完畢，無愧也無憾。

有一次偶然的機會我接受電台記者的訪問，記者問我的座右銘是什麼。我說座右銘從小到大每個時期都不一樣，講起來真說不完。他接著又問，那你的墓誌銘是什麼。我不假思索，立即回答：「我沒有墓誌銘，因為我連墓碑都不要！」記者睜大眼看我。我告訴他：「我早就寫好了遺囑，等到那一天來臨，就把骨灰撒向大海，什麼都不需留下，一切簡單就好。」

這樣的決定，並不表示我是一個灑脫的人，而是我想強調，當你在做一件事情的時候，重點不是做完之後有沒有人會記得你。

你生命中所做的每件事，不是為了要留下碑文，期待別人的懷念或是歌功頌德；你的奮鬥、你的努力，儘管除了天地，無人知曉，你都仍然願意以同樣的熱忱去付出。更重要的是，你自己是不是在當下充分享受了那些付出的過程。

涓涓滴滴，如人飲水，只有你自己靜下心來時最知道。

在人生最後的終點上，不管你從事何種行業，你是個總裁、公務員、藝術家或是勞工。我們要問自己的是：我有沒有因為樂在這個「位置」上，而讓自己的生命變得充實而豐滿？

生命的價值不在於一個人的名聲、財富、權勢的有無，也與偉大不偉大無關，而是你是否認真的在過程中盡心盡力，讓自己沒有遺憾。

我想舉兩位我非常欽羨的人物為例，他們都把自己發揮得淋漓盡致，充分展現生命的光彩與活力。

第一位是大家所熟知的美學大師蔣勳先生。蔣勳在繪畫與文學方面傑出的成就不需我多說，眾所皆知。五十歲那年，他決定辭去東海大學美術系系主任，專心做一位「自由人」。

系主任是多少學者想追求的職位，它象徵著在學術上一定程度的肯定與位階，有好的名聲、有穩定的生活。事實上蔣勳也樂在教學，帶領著學生上山下海尋訪美的感動。然而最後他選擇不要了，很多人無法理解，不少人會問：「為什麼？」

為什麼？因為蔣勳覺得生命中還有許多重要的事，比系主任的頭銜更值得去追求與探尋。

他一方面專注於創作，每年空出一段固定的時間潛心繪畫；另一方面他南北各地演講，著書不斷，就為了致力提升民眾美的觀念與實踐，讓更多的人能夠來欣賞生活與藝術的美。這些年來，無論是他的畫展，或是演講、著述，都吸引極多的觀眾與讀者，影響廣大，蔣勳讓「美」重新在我們的生活中活了過來！這種成就有時候是無法以數字度量的，但正因無法度量，這樣的心更顯偉大！

第二位是前亞都飯店的總經理蘇國垚先生。國垚是我非常得力的左右手，也是我極力培養的接班人，就在他即將在事業上達到高峰時，卻毅然決定要離開他耕耘了二十多年的旅館服務業，聲望與權力都在眼前，一蹴可幾，他卻不要了，很多人也不敢相信。

大家也很想問：「為什麼？」

為什麼？我百般地慰留，但也在與他溝通的過程中，對他充滿了敬意。

蘇國垚告訴我，他對自己的生命規劃很清楚，工作二十年，接著教書二十年，努力學習了、也要認真付出，然後一生也就足夠了。我記得那時，台南麗緻飯店剛要開始，他受我請託，勉強將計畫延後了兩年，等飯店營運穩定後，他毫不戀棧，立刻打包到高雄餐旅學校教書。

他所追求的並不是一個「職位」，在乎的也不是「薪水」，而是讓自己的生命更完整，且因為給予而熠熠有光。

這樣的蘇國垚，到了教育界立刻成為非常受學生愛戴的老師，他對學生總有用不完的熱忱，面對好學生，他竭盡所能；面對資質較差的學生，他更是傾注全力，利用早上六、七點或下課後的時間，主動免費幫學生補習，有教無類、無私無我，現在想選修他的課的學生每次都得排好長隊伍。

生命有許多不同的追求，「獲得」是一種，「付出」也是一種。蔣勳和蘇國垚的故事告訴我們，每個人的生命價值是要靠自己去追求創造的。你必須不斷的問自己，你要成為一種什麼樣的人？而當你選定了以後，你必須熱愛自己所選擇的，盡己所能將它做到最好，那麼你的人生必然過得精采而有價值。

以我個人來說，過去我一直以觀光為主要工作，因為我覺得台灣一定要走出去與世界做朋友，而觀光就是最好的交朋友的方式。

觀光最不具政治色彩，引發的爭議也最少，是強而有力的國民外交。觀光能拓展民眾的視野，讓台灣更具國際觀，也讓國外的人們認識台灣，可說是最友善地與世界做溝通。

這幾十年工作下來，包括後來我出版的書，在在都想告訴大家，我從不在乎自己是不是一個成大功賺大錢的人，我在乎的是當我在一個位置時，是否盡力付出？有沒有我能夠做而沒做的？有沒有我可以分享而我忘記分享的？那才是生命中最大的遺憾。

我一直覺得，人的生命有兩個部分，一個部分是個人的「形體生命」，第二個部分則是分享的「智慧生命」(intellectual life)。肉身的形體生命有生老病死，人到了一定的年紀，體力、記憶力都會大不如前；而相反的，智慧的生命卻必須經過一段時間的累積，知識與經驗不斷成長，才會達到巔峰的狀態。

對我而言，形體的生命不免會走向垂暮，我的事業也會走到一個尾聲，這個尾聲不是悲觀的句點，而是到了一個階段，一個章節的完成。在計畫退休、淡出飯店舞台之前，為了亞都飯店的前景與發展，我還必須先做好交棒的準備。

無論是亞都或是台灣觀光事業的未來，這兩者都讓我憂心。但是工作總有結束之日，台灣的未來也有其發展學習的過程。我心裡真正放不下的、無法割捨的，卻是年輕朋友們。

是的，我身後的交代已經寫好了。之於我個人，可以交代的事情真的不多。但之於這個社會、年輕的你們，我卻還有滿腔的熱情，願我以平凡的人生領悟，一再一再的與你們分享。

我想要和你們一起，張開雙手，向內聆聽自己內心的聲音，向外擁抱生命中每一個與你擦肩而過的他人，學習「做自己與別人生命中的天使」。

生有時，死有時。
栽種有時，收穫有時。
拆毀有時，建造有時。

哀慟有時，跳舞有時。
尋找有時，失落有時。（註）

只有愛，與對別人的付出，
時時。

註：原文見《聖經傳道書》。

〈跋〉在一個有文人的城市裡

龍應台

台北有一個比較不為大眾所知的文化地標，亞都飯店。一棟不現代、不漂亮的大樓，處在不時髦、不熱鬧、非常小市民氣味的民權東路上，卻是台北文化界特別熟悉的一個聚會的點。記得海德堡大街上一家旅館，每次經過，我會想到，雨果、左拉在這裡住過。也記得威瑪廣場上一家旅館，歌德、巴哈、李斯特、托馬斯曼在這裡住過。托馬斯曼的一整部小說在裡面寫成。旅館就像老樹、老房子、老街，承載著一個城市含蓄的情感和記憶。如果在很多年後有一天，亞都打開它記憶的本子：帕華洛帝、多明哥、高行健、馬友友曾經在這裡停留；胡德夫曾經在這裡駐店演唱；楚戈曾經在這裡過七十大壽；多少文人藝術家曾經在這裡向企業募款，在這裡密商一個思想雜誌的誕生，在這裡討論精緻藝術如何可以下鄉……

亞都不是紫藤廬，和紫藤廬有「階級」差異。但是在不同的「階級」平台上，都有文化的據點，正是台北文化的可愛之處。

一個五星級的酒店，本來應該是一個單純的「資本主義」的據點，設法賺錢就是，何以變成一個累積記憶的文化據點？自然是由於主事者對於這個城市有心：他對這塊土地有強烈的認同，對於文化有比較深刻的認識。沒有這些，一個酒店再好也不過就是全球化的自動運輸帶上一個標準作業連鎖環節罷了。

嚴長壽從一個沒有大學文憑的跑腿「小弟」變成跨國公司的總經理，又把一個客觀條件不好的亞都變成一個文化地標，是一則傳奇。人們追問「嚴總裁」成功的原因，他曾經舉過「垃圾桶哲學」來回應：當他是「小弟」時，別人不願做、不屑做的工作，他就甘之如飴地搶過來做，也就是說，把自己當作「垃圾桶」，而其實，增加了自己的容量，也使別人幸福。

四月，胡德夫開演唱會，我特別飛回台北。香港的朋友們很驚訝：胡德夫是什麼人？於是我嘗試著解釋：他是個原住民，唱歌寫歌的，長得像流浪漢，唱得像吟遊詩人，他是台灣文化史的一個標誌。當所有的人都在學唱美國人唱的歌時，他開始和幾個朋友譜自己的歌，寫自己的詞，表達自己的感情。這個「自己」，指的是他腳踩的土地，他熟悉的人，他信仰的東西，他習慣的語言。人們因他的才華而特別「寶貝」

他，但是他的藝術家性格又使得他的現實生活特別坎坷，頭都白了，才出第一張作品。所以我要去。

當天晚上，為這個赤腳的吟遊詩人，台北可是「冠蓋雲集」；官帽和桂冠，在朝的和在野的，曾經是夥伴現在是敵人或者曾經是敵人現在是夥伴的，曾經有過理想和熱情的，全部到場。

在台北，文化史的起承轉合章節，特別清晰。

演唱結束之後，熱情一時揮散不去的文人吆喝著湧到一個巷子裡的小酒館「續攤」。幾十個人，在酒酣耳熱中，辯論三十年前的「革命理想」，回憶吉光片羽的斯人斯事斯地。聲音越來越大，夜越來越深，一批人起身走了，另一批人才剛鑽進來加入。自詡風流的文人和英勇不再的革命家手裡拿著酒杯高談闊論，嚴長壽在一旁忙著拿杯子，開酒瓶、點小菜、斟酒，問每個一頭闖進來的總編輯或主筆或前國策顧問：「你喝什麼？」

沒人注意到，是「總裁」在當「小弟」。

鬧到隔天清晨兩點半，人真的散光了，我和他最後走出小酒館，小巷裡一片黝黑，我才知道，他一早要趕到機場，飛新加坡開會。我萬分抱歉：「太對不起了，把你拖到現在。」他微笑著說：「應台，不留也不行啊。總要有人付帳吧！」付帳？嘎——整夜的觥籌交錯，從頭到尾沒一個人問過誰付帳的事，文人和革命家，每個人都是拍拍屁股就走了。

就在那深夜的小巷裡，我楞住了。一瞬間明白了，什麼叫「垃圾桶哲學」。

二〇〇五年作，二〇〇八年改

國家圖書館預行編目資料

做自己與別人生命中的天使／嚴長壽著. --初版. --臺北市:寶瓶文化, 2008. 05
面； 公分. --(vision；73)

ISBN 978-986-6745-30-0(平裝)
1. 生活指導 2. 自我實現
177.2 97008142

vision 073
做自己與別人生命中的天使

作者／嚴長壽

發行人／張寶琴
社長兼總編輯／朱亞君
副總編輯／張純玲
資深編輯／丁慧瑋 編輯／林婕伃
美術主編／林慧雯
校對／張純玲・陳佩伶・余素維・嚴長壽・賴佳慧
營銷部主任／林歆婕 業務專員／林裕翔 企劃專員／李祉萱
財務／莊玉萍
出版者／寶瓶文化事業股份有限公司
地址／台北市110信義區基隆路一段180號8樓
電話／(02) 27494988 傳真／(02) 27495072
郵政劃撥／19446403 寶瓶文化事業股份有限公司
印刷廠／世和印製企業有限公司
總經銷／大和書報圖書股份有限公司 電話／(02) 89902588
地址／新北市新莊區五工五路2號 傳真／(02) 22997900
E-mail／aquarius@udngroup.com

法律顧問／理律法律事務所陳長文律師、蔣大中律師
如有破損或裝訂錯誤，請寄回本公司更換
著作完成日期／二〇〇八年一月
初版一刷日期／二〇〇八年五月十五日
初版二一八刷日期／二〇二三年九月二十二日
ISBN／978-986-6745-30-0
定價／二八〇元

AQUARIUS 寶瓶 文化事業

愛書人卡

感謝您熱心的為我們填寫，
對您的意見，我們會認真的加以參考，
希望寶瓶文化推出的每一本書，都能得到您的肯定與永遠的支持。

系列：Vision073　　**書名：做自己與別人生命中的天使**

1. 姓名：＿＿＿＿＿＿＿＿　性別：□男　□女
2. 生日：＿＿＿年＿＿＿月＿＿＿日
3. 教育程度：□大學以上　□大學　□專科　□高中、高職　□高中職以下
4. 職業：＿＿＿＿＿＿＿＿
5. 聯絡地址：＿＿＿＿＿＿＿＿＿＿＿＿＿＿＿＿

　聯絡電話：＿＿＿＿＿＿＿＿　手機：＿＿＿＿＿＿＿＿

6. E-mail信箱：＿＿＿＿＿＿＿＿＿＿＿＿＿＿＿＿

　□同意　□不同意　免費獲得寶瓶文化叢書訊息

7. 購買日期：＿＿＿年＿＿＿月＿＿＿日
8. 您得知本書的管道：□報紙／雜誌　□電視／電台　□親友介紹　□逛書店　□網路

　□傳單／海報　□廣告　□其他

9. 您在哪裡買到本書：□書店，店名＿＿＿＿＿＿　□劃撥　□現場活動　□贈書

　□網路購書，網站名稱：＿＿＿＿＿＿＿　□其他＿＿＿＿＿＿

10. 對本書的建議：（請填代號　1. 滿意　2. 尚可　3. 再改進，請提供意見）

　內容：＿＿＿＿＿＿＿＿＿＿＿＿

　封面：＿＿＿＿＿＿＿＿＿＿＿＿

　編排：＿＿＿＿＿＿＿＿＿＿＿＿

　其他：＿＿＿＿＿＿＿＿＿＿＿＿

　綜合意見：＿＿＿＿＿＿＿＿＿＿＿＿＿＿＿＿＿＿＿＿

11. 希望我們未來出版哪一類的書籍：＿＿＿＿＿＿＿＿＿＿＿＿＿＿＿＿

讓文字與書寫的聲音大鳴大放

寶瓶文化事業股份有限公司

（請沿此虛線剪下）

廣 告 回 函
北區郵政管理局登記
證北台字15345號
免貼郵票

寶瓶文化事業股份有限公司　收

110台北市信義區基隆路一段180號8樓
8F,180 KEELUNG RD.,SEC.1,
TAIPEI.(110)TAIWAN R.O.C.

（請沿虛線對折後寄回，謝謝）